七田真早教经典系列

七田真
培养优秀宝宝
父母必上的7堂课

【日】七田真　著／思可教育　译／马思延　审校

全国百佳图书出版单位

化学工业出版社

·北京·

图书在版编目（CIP）数据

七田真：培养优秀宝宝父母必上的7堂课/[日]七田真
著；思可教育译. —北京：化学工业出版社，2016.1 （2019.11重印）
（七田真早教经典系列）
ISBN 978-7-122-25811-3

Ⅰ.①七… Ⅱ.①七… ②思… Ⅲ.①婴幼儿-早期教育
Ⅳ.①G61

中国版本图书馆CIP数据核字（2015）第290374号

责任编辑：杨晓璐　杨骏翼　　　　　　　　装帧设计：尹琳琳
责任校对：王　静

出版发行：化学工业出版社（北京市东城区青年湖南街13号　邮政编码100011）
印　　装：北京新华印刷有限公司
880mm×1230mm 1/32 印张7½ 字数110千字　2019年11月北京第1版第12次印刷

购书咨询：010-64518888 售后服务：010-64518899
网　　址：http://www.cip.com.cn
凡购买本书，如有缺损质量问题，本社销售中心负责调换。

定　　价：36.00元　　　　　　　　　　　　　版权所有　违者必究

总序

2012年3月，"七田真早教经典系列"顺利地与中国广大读者首次见面！3年多来感谢大家对七田式教育的支持与认可。由于本套作品成书时间比较早，本次我们对内容进行了全面的审校、修订，力求与时俱进。

这里要感谢思可教育集团，感谢马思延先生，还要感谢非常"给力"的化学工业出版社！

在我很小的时候，父亲七田真就经常跟我讲他在中国的故事：他的出生地大石桥是怎样的地方，后来跟随做工程师的父亲移居大连、北京，直到16岁踏上日本国土时的情景。父亲热爱学习、喜欢钻研，中国文化博大精深，5000年来的各种经典著作想必是他最佳的精神食粮。迄今在父亲故居中还可以看到他细心批注的《论语》、《大学》、《中庸》，在他留下的200多种作品里，也常常有中国传统文化的影子，甚至在他去世后留下的随笔中也有一篇名为"记忆中的北京"。可见，"中国"这两个字在父亲的一生中具有举足轻重的地位，如果他知道自己倾注毕生精力创办的"七田式教育"能够回到中国这片"故土"生根、发芽、开花、结果，我想他心中肯定会更加饱满、更加骄傲！

　　"七田真早教经典系列"能够在中国如此"隆重"地出版以及再版，也和七田真国际教育中心正式进入中国息息相关。2009 年年底我们授权思可教育为代理机构。2010 年 9 月 1 日中国首家教学中心，也是全球第 518 家中心，在深圳市正式开学。5 年来七田真国际教育在中华大地上不断开花结果，目前已经在深圳、北京、上海、昆明、广州等城市拥有全直营中心 12 家，也让我们的全球教学中心增加到了 557 家。

　　我们相信每一个孩子生来都有巨大潜能，这些潜能可以通过科学的方法开发出来，并保持下去，就像鲜花经过浇水、施肥、日光沐浴后终会绽放一样。而爱心是开发潜能的基础，宝宝只有在满满的爱心呵护之下才能有充分的自信，潜能也才可以无拘无束地发挥出来。就像土壤对鲜花一样，爱是孩子成长的基础；同时爱也是有原则、有方法的，决不等于溺爱。给予孩子爱的同时也要严格，要教育孩子学会忍耐。教育的目的不只是上一所好的小学、中学、大学，更重要的是培养孩子走入社会时必备的能力，培养他们的心灵。所以我们一直倡导的是，用爱、严格、信赖来培养全人格的宝宝。

本次出版的"七田真早教经典系列"共有6册：《七田真胎教法》、《七田真：0~6岁右脑教育法》、《七田真：爱与规则》、《七田真：培养优秀宝宝父母必上的7堂课》、《七田真：情商教育法》、《培养右脑思维的33个亲子游戏》，除了最后1本我自己的著书之外，其他5本都是在我父亲七田真留下的大量图书中精挑细选出来的，涵盖了七田式教育的主要内容。从胎儿期开始，从理论与实践两个角度指导父母如何与孩子建立良好亲子关系，如何在爱心的基础上培养心性美好，左右脑均衡发展的宝宝。我希望这套丛书能够帮助中国的家长在教育的路上找到正确的方向，体会到育儿的乐趣；

更加希望伴随着七田真国际教育在中国的发展，有越来越多的中国宝宝有机会接受以心灵教育为目的，重视宝宝综合素质的七田式教育！

七田 厚

七田教育研究所

2015 年 10 月 19 日

目录

第1堂课　培养努力向上的孩子

目录

第2堂课 培养主动学习的孩子

目 录

目录

第3堂课 培养有创造力的孩子

第 4 堂课　培养有忍耐力的孩子

目录

第 5 堂课　培养有秩序感和主见的孩子

目录

第6堂课　培养持续进步的孩子

目录

第7堂课 培养有同情心的孩子

第 1 堂课

培养努力向上的孩子

了解育儿的精彩之处和乐趣所在

　　育儿本来是一件很愉快的事情。然而，也有一些父母觉得育儿不是一件很快乐的事情。

　　某天我看了一档叫作《对于母亲来说，育儿意味着什么》的电视节目。栏目组在街上给 50 位母亲分发了"对于您来说，育儿意味着什么"的调查问卷，下面介绍一下她们的回答。

　　对于问卷的提问，母亲们给出的都是"忍耐""牺牲""一片灰暗"等回答，似乎大家一直都把育儿当作负担，看成是一件负面的事情，觉得"自己的人生已经全都终结了，唯有忍耐而已"。

　　在这 50 位母亲中，只有一位母亲回答说："自己获得了无价之宝，育儿真的是无比快乐的事情。"我为此感到叹息。

　　父母都觉得育儿让人摸不着头脑，所以会被"孩子是不是一直发育得很迟缓"这样负面的想法所左右，会被"孩子的反应很糟糕""和孩子在一起一点都不快乐"等负面心情所影响。若是如此的话，育儿就彻底变成了无法让人感到快乐的事情了。

但是，孩子若是能以父母肉眼可见的速度，活泼开朗地成长，并且很仰慕父母的话，那么育儿就会变成一件充满阳光、快乐的事情。

孩子的样子是父母对其培养的结果。孩子如何成长起来的？如何变化的？全部都取决于父母。父母若是对优秀的育儿方法有所了解，并且将其进行实践的话，育儿将令人非常愉悦。

父母对于育儿的一无所知会使其变成一件困难、让人无法感到快乐的事情。父母若是把爱准确地传达给孩子，他们将能快速健康地成长为开朗、乖巧的孩子。

育儿是人生中最值得尊敬的一件事情。之所以这样说，是因为孩子是父母辈的接班人，我们是从人类生命链那里得到赐予来抚养这些无价之宝的。

然而，最近的父母都有将孩子当作私人物品的倾向，

觉得"既然是我的孩子，那么我想怎么对待就怎么对待"，以这样一种无所谓的态度来养育孩子。如今，这样的父母变得越来越多。

但是，孩子是人类生命链的延续，必须要好好地培养。在培养孩子的同时，要将每一个孩子都看作是一个独立的个体来尊重，这是非常重要的。

为此，父母必须要对出色的育儿方法有所了解，必须要培养好孩子的心灵。那么，应该如何培养孩子的心灵呢？

请这样鼓励孩子
——"若是你的话，肯定能做到"

成功人士大多都一直拥有浪漫的想法，一直都有理想。

世人皆有理想，但是在实现理想的过程中，会逐渐地将理想遗失，不时感到挫败，认为自己一无是处，没有才能，运气不好，于是中途放弃，不再继续努力。这是普遍的现象。

培育理想的"钥匙"在于，要有坚持不懈、努力进取的精神。获得成功必然是因为比别人多付出了几倍的努力。

某位著名的体育教练曾说过下面一段话："由经验来看，即便没什么能力，但只要一直都拥有想要变成优秀选手的愿望，那么在今后的人生中反而能够成功。那种可以无师自通、不努力也能成功的人，无法学到获取胜利时所不可或缺的人生观。"

为了培养出不会被现实击碎理想的孩子，我们要一边鼓励一边教育他们。比如，即便看出孩子目前的能力不高，也要相信孩子未来的能力，不论学校的评价如何，都得百

分之百地认可孩子，鼓励他们。"若是你的话，肯定能行"——
这一句鼓励的话能培养出拥有鸿鹄之志的孩子来。

不论是什么样的孩子，都是带着独特使命来到这个
世界的，都拥有自己的存在价值。要使他们意识到自己
是无可替代的。让我们将"若是能怀着好的目标生活下
去，就能获得充实而高品质的生活"这一观念教给孩子
们吧！

下面我来介绍一下关于心灵成长发育的三个季节。

一、心的季节

从出生开始到小学四年级。这一时期适合让孩子默背
经典的名言警句，如"秦歌汉赋"和《论语》等。这样做
能使那些经典渗入孩子的深层潜意识中，成为他们思想精
神的支柱。长大成人之后，这些渗透他们内心的知识学问
将发挥作用。

二、自然的季节

从小学五年级到中学三年级。这一时期是精神上"黎

明前的黑暗"，适合阅读传记和小说，同时也是立志的时
期和精神即将要觉醒的时期。

三、社会的季节

中学三年级以后。这是认真思考"人是什么？学问是
什么？"的时期，此时能否遇到好老师很有可能会左右孩
子的一生。同时，这也是孩子想要为他人尽心尽力服务的
志向不断成长壮大，并逐渐将理论转化为实践的时期。

让孩子拥有理想和对人生的希望

人生中最大的喜悦是什么？是变成有钱人吗？是名扬天下吗？

不考虑他人的幸福，只考虑自己的幸福，这样即便成功了，心中也会有空虚感，而且也不会一直成功下去。

不论是哪个人，都希望自己的命运能变得很好，自己所做的事情能成功。那么，要如何做才能让命运变好呢？

所谓命运是由自己创造出来的东西。"运"是"前进、进步"的意思，意味着要动起来。而"命"说的是无法更改的、绝对的作用，即先天的。命运是动态的、不断变化的，绝不是在出生之前就已经被决定好了的东西。

算命师所占卜出来的"易"❶不是永恒不变的。"易"者，"改变"之意。"万物皆变化。于其创造变化的千姿百态之中探求不变的法则，以助于人"，是为易学。

---

❶ 即天数、命运。——译注

"知命，而后创造出自我"即"立命"。"让因果关系动起来，开创新的命运"是为"道"，亦为"立命"。

中国周朝时代所纂的《易经》是一本开创命运、充满智慧的典籍。在《易经》中有如下内容。

龙的成长从潜龙到亢龙,共分为六种状态(六种样子)。

1.潜龙：处于水底，还未现于世。

2.见龙：从水底浮游而上，仅有龙头显现出来。力量终于开始显现于外。

3.乾龙：显现出了样子、能力，开始受到来自嫉妒之人的妨碍和伤害。

4.渊龙：临近深渊。因为失去了谨慎、谦逊的心态而坠入深渊。

5.飞龙：开始腾飞。无所畏惧，一切都无法阻挡其腾飞，翱翔于天地。

6.亢龙：又一次潜于地底。没有会永久持续下去的事情，再一次回归到最初的状态。

为了开创命运，需要在默默无名的时期坚定不移地努力，深深扎根于底部。一个人若是不经历潜龙时期，是很

难真正成功的。

而且，为了让运道变好，有两点特别重要：一是"立志高远"，二是"想拥有某些好的东西"。

"立志高远"是指要有想对他人有所助益、想要为世间做出贡献的理想。除此之外，还要有想要具备某些出色能力的愿望，并为其奋发努力，这是非常重要的。

心怀大志，然后不断地努力锻炼自己，让才干、器量都变得强大起来。志向越大，成长空间就会越大，好的运气也就随之而来。而为他人尽心尽力可以积累自己的德性修为，使自己的气场变强，运气也会随之变好。

想要为他人尽心尽力而下很大的决心——这就是志向。为他人尽心尽力便是"德"，通过让他人幸福，自己也能变得幸福，命运也会变好。

为了能让运道变好，还需要一个因素，那就是尽可能在人生的早期设定好人生目标，摒除杂念，专心致志地朝着那个方向努力，去拥有一些他人所没有的东西。

每天带着明确的目标生活下去是非常重要的。人们很容易被日常的各种琐碎之事所拖累，若是一直这样生活下去，最后可能会一事无成。

如果要让孩子从很早的时候就开始有明确的目标，需要培养他们朝着那个目标自己学习的态度。

另外，所谓的孩子被命运女神眷顾的生活是什么样的呢？让我们来看看吧。命运女神眷顾的是那些每天都在拼命努力生活的人，以及那些谦虚而不骄傲自满的人。

在班里谁是第一呢？让我们来学习一下命运女神看待问题的角度吧。不需辛苦付出努力就能轻松拿到学科第一的人，是命运女神所钟爱的吗？不是。从命运女神的角度来看，最努力的、成长得最多的人才是第一。

总是能获得满分的人并非命运女神所垂青的人，这是为什么呢？因为总是能轻松获得好成绩的人，不需付出辛苦的努力，也没有经历过失败，于是，心灵很少能得到锻炼。

命运女神最中意的是那些在逆境中，心无旁骛地努力进步的人，他们比常人拥有更多的磨炼心灵的机会。所以，要教会孩子：遇到的艰辛越多，自己所被给予的机会也就越多，要为此而庆幸。然后，用心去磨炼自己，为了要拥有比其他人更优秀的能力而去努力。

既有"爱"又有"敬"的亲子关系的建立

日本 IBM 曾对日美两国就"如何看待自己父母"在男女各 200 名学生中进行了问卷调查，其结果如下所示。

	美国	日本
非常尊敬父亲	66%	20%
非常尊敬母亲	65%	23%
理想中的大人	第一名是父母	武田铁矢、中山美穗等演艺人士

由该结果可以看出，与美国的学生相比，日本的学生和父母之间的关系比较糟糕，他们不尊敬父母。为什么日本的孩子会不尊敬父母呢？因为他们从没有被教育过要对父母表示尊敬啊！父母将孩子作为对等的朋友来看待，没有让他们尊敬自己。父母认为即便自己不是孩子应该尊敬的对象也无所谓。如此一来，孩子当然不会去尊敬自己的父母。

目前，教育中正逐渐缺失"敬"。"敬"是敬重的意思，就是说要礼貌而认真地对待，敬而重之。"敬"并不是单方面的，而是要相互尊敬。导致孩子步入歧途、欺负他人、自杀等最根本的原因是孩子不会尊敬人。

因此，对于父母来说最重要的事情就是，当孩子做了不允许他们做的事情时，要让孩子知道什么是"不可以"，否则，孩子将不会尊敬父母。孩子会一直认为一切都是同等的，若是如此，便无法培养出尊敬之心，包括对老师和对世间所有大人的尊敬之心。

而且，如果父母将孩子看做一个独立的人，认可并尊敬他们的人格的话，就不会像对待动物似的对待孩子。所谓"像动物似的对待"是指，孩子想做什么就做什么，父母放任不管。

在育儿过程中最为重要的是"爱"和"敬"，只有"爱"是远远不够的。

圣人云："爱而不敬，兽畜之也。"（《孟子》）"不敬，何以别乎？"（《论语》）这些圣人之言所表达的含义就是，不能只有"爱"而没有"敬"，否则的话，就和动物没有区别了。

其中，特别要强调的是，"爱"是母亲的专业领域，"敬"是父亲的专业领域，彼此分工不一样。

在家里要注意的言行举止

小孩在出生之后，会自然而然地对母亲产生喜爱之情，而对父亲产生尊敬之心。孩子经常将父亲看作是"敬"的对象，反过来，孩子会有想要被父亲尊敬、重视的愿望。想要被其他人尊敬和重视，这是天经地义的事，没有人会不希望如此吧？因为这是做人之道。

孩子将这一愿望对准父母投射出去，特别是对准了父亲，那是因为孩子心中有祈求，他们不只希望母亲能够关心自己，还希望父亲也能关心自己。

所以，父亲绝不可以对孩子的教育漠不关心。孩子总是将目光投向父亲，父亲的一言一行、一举一动都对孩子有着重大的影响，我们必须要了解这一点。

父亲每天下班回家，在和妻子打招呼之前，应该先将目光投向孩子，和孩子说"我回来了"，这样是最好的。

这样一来，孩子就会觉得"父亲首先将目光投向自己"，这会培养出孩子对父亲深深的爱意和尊敬之意。

　　所以，在家庭教育中，最为重要的是首先让身为一家之长的父亲来示范家人之间的"敬"。在这样的家庭氛围中成长起来的孩子能拥有正直、坦率的心灵。

　　父亲为了能在家庭中受到大家尊敬，就必须展现出令人折服的行为举止，即必须要有值得被尊敬的内涵。

　　每个人都会朝着理想一点点进步以提升自己，最好能怀着"敬"之心从周围的人那里学习东西。人之所以成为人，是因为有"敬"。若是没有"敬"，就无法拥有道义之心。所谓的"道义之心"是人类最本源的东西，它基于想要被别人尊敬、重视的心灵需求。

　　因为有这样的心灵，所以人不会偏离轨道，而会想要走在正确的道路上。"敬"是高层次的心灵需求，是动物所不具有的，当其发挥作用时，表现为重视他人、珍视他人生命。

　　以前，父亲即便什么都不说，但只要他在场，家庭教育照样能很顺利地进行下去。这是因为父亲的权威和存在感还犹存，父亲若是拥有足以被孩子尊敬的权威，孩子就不会走上歧途。但现如今，已经不存在那样的父亲了。在

时代演变的过程中，父亲的存在感可有可无，以至变成只通过母亲来进行育儿。

要恢复父亲在育儿过程中的重要作用，母亲的首要任务是要尊重作为孩子父亲的丈夫。母亲若是对孩子说"要是变成像你爸爸那样，就太糟糕了"，在这样的家庭环境里，是无法将孩子顺利培养长大的。因为家庭里没有"敬"，所以孩子的心灵中无法产生清澈、朴实的道义之心。

无论如何，请父亲们站起来吧！若能如此，育儿一定能顺利地进行下去。

少看电视多些交流

前面的"父母与孩子之间关系"的七国比较调查结果，显示了孩子和父母之间人际关系的亲疏远近（紧密程度）以及孩子对父母的尊敬程度。

从中可以清楚地看到，和国外的孩子相比，日本的孩子与父母间的关系正在变得越来越疏远。一旦父母与孩子之间的关系变得淡薄，就意味着人类最基本的关系变得淡薄了，正因为如此，孩子之间的朋友关系也会变得淡薄。

父母与孩子相关联的事情和相互交流变少，孩子看电视的时间反而变得多起来，这一现象正在破坏人们之间的关系。

另外，文部省（现称文部科学省）从 2000 年 10 月开始到 12 月为止，在日、美、英、韩、德五国的首都等地区，以小学五年级和中学二年级的学生作为对象，就其朋友间的相互关系进行了调查研究。在上述五国，各有约 800 到 2300 人回答了该调查的问题。

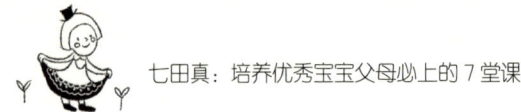

根据比较调查结果来看，日本孩子间的朋友关系最为淡薄，对于"看到朋友正在欺负人，提醒朋友要注意这是不好的事情""让朋友不要吵架""朋友感到困扰的时候，与其谈心，开导他"等项目，回答"是"的比例，日本是最低的。另外，"一天看电视的时间超过 3 小时以上"的日本孩子的比例为 47%，位于五国之首。

让日本的孩子变得异常的正是日本的父母，家庭成员的关系正在不知不觉中变得很淡薄，这使得孩子走上歧途的可能性越来越大。我们必须要为此进行深刻的反省。

"不要输给自己"
而非"不要输给其他的孩子"

"学级崩坏❶"已成为报纸和电视上的焦点新闻，现在甚至让人觉得教育正在滑坡，孩子走上犯罪的道路，拒绝上学，欺凌他人……引发这些问题的原因在于父亲不参与孩子的教育，全部交由母亲去做。出现问题儿童的家庭几乎都是这种情况。

因为这些孩子都非常缺乏父母的爱，没有被爱填满内心，为了填补内心的寂寞，孩子才容易走上犯罪的道路。

A.S.尼尔假定了"问题儿童是由问题家庭造成的"，认为父亲完全不想参与孩子的培育是问题所在。

父亲如果能从孩子婴幼儿时期就开始参与到对其培养中来，孩子几乎不会走上犯罪的道路。只要父亲了解这些，稍微帮帮忙，对孩子的培养就能非常顺利地进行下去。

---

❶ 日本的社会现象，指儿童、学生不遵从老师的指导，擅自行动，导致课业等无法进行的状态。——译注

父亲和母亲在看待问题的方法和培养孩子的切入点，是不一样的。

母亲不知不觉会拿自己的孩子和别人家的孩子比较，容易教孩子不要输给别人。但是父亲教孩子"不要输给自己"，而非"不要输给其他孩子"。

父亲只要说一句中肯的话、给出一些意见，孩子就能从中获得很大的支持，切实地抓住问题的关键并进行改进，这对塑造自我的性格有很大的帮助。

父亲确实具有这样的力量和作用。而母亲因为每天的育儿工作，会在不知不觉中只重视日常琐事。而父亲因为并非是完全的当局者，所以可以从不同的立场和角度来看待孩子。

因此在育儿过程中，父母有各自不同的分工。打个比方，父亲所起到的作用相当于交响乐团里的指挥。

然而，父亲将培养孩子的事情全部交给母亲，让母亲来承担一切的责任，若是结果不好，会责备母亲说"这是你的错"，不去帮忙，这是很让人困扰的事情。

为此，母亲的压力会不断积累。如此一来，从根本上会让母子间的关系变得更糟糕，孩子很有可能会成长为焦躁不安的孩子。

在育儿过程中，良好的夫妻关系很重要。父亲如果关心孩子的教育，帮母亲分担一些压力，母亲就会放松下来。如此一来，母子间的关系也会变得和谐。实际上，母子间的隔阂大多是因为父母之间有隔阂。

父亲不时地和孩子互动，会对孩子的发育成长有所助益；同时，对在背后支撑着孩子的母亲说："你是一个好妈妈，做得非常好哦。"这会让她心里感到温暖并能激起动力。

父母要首先摒弃负面的语言和情绪

父母若是觉得孩子迟钝、一无是处的话，那么孩子只能按照父母所想的那样去成长。父母因为在不知不觉中对孩子产生了负面看法，所以在教育过程中就会对孩子使用负面的语言。

父母应该把这些负面的语言转换为正面鼓励的语言。"天生我材必有用"，每个孩子都被赋予了极为了不起的心灵。

心灵原本的作用是指将所思所想加以实现，发挥其才能。但是，这是深邃之心（潜意识之心）才具有的作用。若是深邃之心不发挥作用的话，是无法使用的。

尽管孩子本来都被赋予了极为了不起的心灵，但因为父母的负面语言和负面想法，使孩子无法使用自己的深邃之心。

父母的正面想法能够改变孩子。人类是一种生活在心灵世界中的生物，心灵会对身体施加影响。比如，如果每天都忍耐着厌恶去生活，大脑就会异常纠结并感到疲惫，于是会导致自律神经系统功能和内分泌功能出现问题，皮质类固醇荷尔蒙的分泌也会变得糟糕，从而会使身体越来越没有力气。

相反，若是一直都开朗地生活，皮质类固醇荷尔蒙就会分泌得很好，它进入血管和内脏器官中，让这些器官的功能运转良好，从而使体力旺盛。

因为内心的情绪起伏，身体会发生变化，这意味着人类能够很容易地被改变。所以，母亲心中的一个想法、对孩子说的一句话，能让孩子发生改变，能将孩子本来所拥有的出色才能挖掘出来。所以，在对孩子进行培养、教育时，让我们停止用负面的想法去看待孩子吧！

第 2 堂课

培养主动学习的孩子

教会孩子 "学习的三个目的"

我认为，现在在日本的大多数家庭中，育儿都处于失去目标的状态。但是，其他国家的育儿都有目标。将 "自己要成长为出色的人，要使这个世界变得更好" 的想法，植入到孩子的心中并使其生根发芽，其他国家的父母是这样培养孩子的。

对于日本的孩子来说，为了什么而学习不是一件明确的事情，缺乏学习的目标。

所以，当问日本大学生学习的目标时，大多数大学生都回答不上来。因为他们只是以考进大学为目标，剩下的只是玩乐而已。

因此，父母在对孩子进行培养、教育时，首先必须将 "为了什么而学习" 教给孩子。

知识为什么重要？知识中蕴含着可以改变自己、改变世界的力量。以古语 "修己治人" 作为目标来学习知识是非常重要的。"修己治人" 源自孔子的思想，是说若磨炼人格、提高人性的话，能让自己的内心丰富起来，从而可以去指引别人；同时，也因为与政治等其他内容相关，可以使自己成为对社会有用的人。

简而言之，学习有三个主要目的。

第一，为了自己的成长而学习。因为成长是快乐的，所以学习能渐渐帮助孩子做到各种各样的事情。

第二，为了在人生的道路上获得成功而学习。有了某个目标，然后去实现它，就是所谓的成功。有钱不代表成功。

第三，这是最为重要的一点，即为了长大后能为社会做贡献而学习。"是为了做对社会有益的事情而学习，你长大后要将现在所学到的东西用在对社会有帮助的地方"，必须要教会孩子这一点。

在犹太人的家庭中，一直都会坚定不移地进行上述这样的教育。父亲若是没有很好地参与到培养孩子的过程中，就会被视为"没有资格当父亲"。据说在孩子 3 岁生日时，父亲首先要准备好甜点（如蜂蜜一样的硬糖球），然后对孩子说："舔一下这个。很甜吧？从今天开始，你就加入

到大人的行列里进行学习吧。学习就像这块糖一样甜哦。"说完把甜点给孩子。

父母通常会告诉孩子学习是辛苦的，但现在要转变，要让孩子知道学习并不是那样辛苦，而是像糖一样甜蜜的事情。

然后，据说还要对孩子说："知识是具有改变世界的力量。你现在开始要学习它，等长大后，凭借着知识的力量，你将能改变世界哦。"

从 3 岁开始，就要教给孩子"学习知识，让人世间变得更好"的信念。

犹太人的教育是通过祈祷、歌曲和故事来进行的。要说祈祷蕴含着什么东西的话，那就是每天早上睁开眼的时候，祈祷着"神啊，今天也请回归于我和世界，谢谢您！我今天一天也依然将为了能让这个世界变得更好而继续学习，为了能为这个世界做出贡献而学习"。

就像这样，每天将为什么而学习融入祷告词中。从 3 岁开始，孩子自己通过祷告词来理解"通过学习让世界变得更好"这件事。

　　在日本，虽然没有像犹太孩子所颂咏的祷告词，但是为了避免育儿走上歧途，父母在孩子很小的时候，就得让孩子知道"为了什么而学习"，这是非常重要的。

帮助孩子习惯集体生活

"学级崩坏"已成为报纸和电视上的热门话题，教育前进的方向逐渐成为了问题。上小学不听老师的话，做着任意妄为的事——这样的孩子现在逐渐增多。这一现象在一项名为"学校经营管理上出现的各种问题"（全国联合小学校长会）的调查中，已经体现得很明显了。

根据该调查，在全国 547 所小学中，回答处于"学级崩坏"状态的小学有 84 所，约占整体的 15%。学生无法正常上课的具体情形如下。

1. 老师已提醒注意，学生却仍窃窃私语——68 所小学校。

2. 我行我素，不打开课本——63 所小学校。

3. 上课期间中途离开座位，随意走动——63 所小学校。

教室中若是有一两个这样的孩子，老师还能想一些办法继续进行教学。但是，若这样的孩子占到全班的七八成，就会让人束手无策了。

不仅如此，而且最近由 15 岁至 17 岁这个年龄段的青春期孩子所引发的恶性少年犯罪激增问题，也越来越明显。为什么会出现这样糟糕的情况呢？

医学博士今村荣三郎先生在其所著的《"厌恶学习病"的治愈方法》（日本教文社出版）一书中，对现在的青少年犯罪问题有所涉及。所谓的"学级崩坏"是如何发生的？真正的原因是什么？他从医生的角度对这些问题进行了阐述。

关于"学级崩坏"，今村先生写了这样一段话：

现在社会上有着各种各样的看法，比如说父母的教育日渐缺失，老师的指导能力有问题，甚至学生不幸的成长经历和家庭环境不好等，都成为了原因。

但是，若将这些可以认为是异常的儿童行为模式也视为医学性的精神病病理的话，就可以清楚地知道，逃学和

家庭暴力行为，或者说大人拒绝上班，长期闭门不出的自闭症等，是由共同的病灶引发出来的，即"集体生活不适应症候群"的病征。

"集体生活不适应症候群"会使孩子无法习惯集体生活，他们长大后，会拒绝上班，不想去公司，长期待在家里，闭门不出。如今，在四十多岁年纪的人当中，有相当多的一部分一直待在家里不外出做事。

是什么原因导致出现这些无法习惯集体生活的孩子呢？

今村先生列举了下面两条被误解的育儿方法。

1. 对待孩子，不是将大人的理论强加于孩子身上，而是让孩子以自己的角度来处理事情。

2. 大人和孩子处于对等的地位。

这两条方法似乎是非常好的育儿指南。将大人的理论太过强硬地施加给孩子、过于抑制孩子的行为是错误的行为；以和孩子一样的角度来看待问题，认可孩子的权利，平等地对待孩子是非常重要的——听起来，都是非常好的事情。

　　这样的思考方式被大力宣扬、提倡。之前作为教育中心的"道德"被逐渐忘记，孩子从小就要开始进行严格教育的风潮已经彻底退去。

必须要说"不可以"

取而代之的是，在"不能对孩子进行填鸭式的灌输教育，要重视自由想象"的口号下，托儿所、幼儿园和学校施行的是"要重视孩子自己想出来的东西"的教育。

顺应这一潮流，越来越多的家庭声称，"在我们家，从没对孩子说过'不可以'这类的话"，他们并对此感到自鸣得意。然后，大家放弃了按照自古以来父母的立场教导孩子的做法，而倡导"大人和孩子的立场是一样的，父亲必须要成为孩子的朋友"。

但是，采用了这样的育儿方法，反而导致了过度保护。结果是，孩子被逼进了痛苦的境地。

"绝不可以对伤害他人、给别人带来麻烦这样的行为置之不理"，若是连这些最基本的教导都放弃的话，会培养出完全没有是非善恶判断标准的孩子来。所谓教导，是指培养能遵守社会最基本规则的孩子，而非任性妄为的孩子。

　　若是把孩子所说的话都照单全收，就会把孩子培养成任意妄为的"小王子"和"小公主"，使他们认为"自己所做的事情，无论什么都是正确的"。结果便是孩子将成长为一个只会主观固执、不会体谅人的孩子。

　　因为父母与孩子之间已经是朋友关系了，所以在学校，孩子和老师的关系也是对等的，他们对于老师说的话，已经置若罔闻了。若是在乌托邦中，这种状况或许能顺利存在，但在现实里，是不会那样发展的。

　　今村先生在《"厌恶学习病"的治愈方法》中还写了这样一段话：

　　出现了跳脱出朋友关系的学生。对他们而言，和兄弟、朋友打架是家常便饭。学生与老师之间的朋友关系总有一天会破裂，通常，孩子会切断朋友这一关系。对女老师愤怒地叫嚣"啰唆死了！死老太婆"，同时会脸色铁青地、恶狠狠地瞪着老师看。还出现了老师被学生用刀刺伤的事件。"明明在教育时只是要求稍微注意一下，为什么会让你变得狂暴了呢？"那是因为培养理性的家庭教育还不够

充分。那是一些对于要求注意、对于批评教育等都无法接受的孩子。

问题就在于此。

现在，不论到哪里，说着"在我们家，我们绝对不对孩子说'不可以'这样的话"的父母正逐渐增多。让孩子按照自己的想法去做，这样的教育正逐渐受到越来越多的人推崇。然而，这是对正确教育的放弃，错误的教育正在被推广中。

父母的态度改变孩子学习的心态

在让孩子学习这件事情上，最为重要的是要使其产生"奋"之心，即"想要去做"的心情。关于这一点将在第3堂课详细说明。所谓"奋"，是指下定决心、唤醒内心，使其产生"想要去做"的动机。只有孩子自身产生了"自己想要学习"的心情，才能牢固地掌握所学到的东西。

相反，若是单方面地强迫孩子必须学习，孩子就不会产生干劲儿。甚至发生更糟糕的事，孩子会认为"自己头脑不好使"。孩子讨厌学习的原因大多在于他们不知道为什么必须要学习，以及为何被强迫去学习。

但是，实际上，没有哪个孩子的头脑是不好使的。孩子之所以会陷入那样的想法里，只不过是因为被"为什么必须要学习"的固执想法迷惑了。不论哪一个孩子，原本都拥有了不起的能力，只不过他们一直对自己有一种负面的认识。所以，最重要的事情是，首先要让孩子产生"想要去做"的想法。

比如，在孩子 1 岁到 4 岁时，让他们听英语磁带，如果这样对其进行培养，很有可能能培养出会说两种语言的孩子。

但是，在孩子一两岁时，因为还没有形成自我认知能力，所以一般是播放磁带，让孩子随意自然地听。等到了四五岁，买来孩子用的教材并对他们说："来，今天开始要听这盘磁带。"但孩子即便听，他们也已经感到厌烦了，会说"为什么非得让我听那么奇怪的语言"。一旦孩子感到厌烦，就算强迫他们继续听下去，也绝对无法把他们培养成双语人才。

那么要如何做才好呢？若是买了孩子用的有趣的教材，应该这么对他们说："因为这是爸爸妈妈听着好玩的，所以你不用听也行。"然后，在接下来的一两周内，父母都开心地听着磁带。

如此一来，孩子便会心甘情愿地想听。他们会说："那是小孩用的教材。给我听，给我听！"若是这样，就大功告成了。"你那么想听吗？那每天听 15 分钟就可以了哦。"这样就能将孩子"想要去做"的心情很好地引导出来，进而可以培养出孩子出色的双语能力。

就算是给予同样的东西，给予的方法很关键，因为若是孩子产生厌烦，那是很难收到效果的。即便不管孩子，他们自己也能一直听磁带的话，那么可以继续引导并培养下去。

学习其他东西也是同样的道理。比如，让孩子学钢琴，若是告诉他们"今天开始去钢琴教室学钢琴，因为 4 岁的孩子都应该开始学钢琴"，孩子会越来越讨厌学钢琴，也无法很好地引导与挖掘出他们的真正才能。

与其如此，不如带孩子去看和他们差不多年纪的孩子的演奏会，若是能让他们产生"那么小的孩子就能弹奏得那么出色了，所以我也想弹"的想法，孩子就能主动地去学习。

另外，当孩子说"我才不想去什么幼儿园，我就想一直待在家里"时，只要父母能有技巧地劝说，是可以让孩子自己想要去幼儿园的。

如果家里还有一个年纪大一点的孩子，那么可以让他和父母一起分享去幼儿园学到的东西和快乐的事情，如一

起做手工等，让年纪小一点的孩子认识到去幼儿园是一件很不错的事情。然后，若是年纪小一点的孩子说"也教给我，让我也加入进来"，这时，父母应该这样回答："不行，因为只有在幼儿园才能学到。不去幼儿园的话，就不能学。"第二天早上，他就会穿戴整齐，背着书包说："我要去幼儿园。"

像这样，将孩子"想要去""想要做"的心情很好地引导出来，是很重要的。若不那么做，而是一味地给予孩子，强迫他们去做，很难收到好的成效。

"回声法"：让不愿意学习的
孩子喜欢学习

在这里，我想用一些实际案例来介绍一下，如何很好地将厌恶学习的孩子的干劲儿诱发出来。

某年的暑假，有一位小学一年级的男孩来到七田真教室。那孩子在学校完全不听老师的话，没有养成老老实实地坐在书桌前学习的习惯。总之，他是一个任性的孩子，什么都不想学，据说他爷爷骂这孩子是大笨蛋。

他母亲说这孩子经常擅自去做自己想做的事情，完全没有想要学习的欲望，她已经束手无策了。于是，她想让我们想想办法改变一下这孩子，让他能认真学习。

这孩子倒是非常清楚自己被带到这里是为了让他学习，但是，因为他不想学习，所以便在那里睡大觉。

他母亲一看这情形，马上对他说："不行，你不可以这样。"然而，一旦以"不行，不可以"的态度来对待孩子，他就只能做出"不行"的反应来。

希望各位一定要记住：否定会导致否定，肯定能换来肯定。如果以否定的语气来沟通的话，只能得到否定的回应。反之，就能得到肯定的回应。

于是，七田真教室的老师对他母亲说"请交给我们"。然后，用"回声法"来慢慢地改变孩子的态度。

"回声法"指的是什么呢？当说了一声"呦嗬"便反射回一声"呦嗬"，就产生了回声。具体说来，首先，要原样不动地将孩子所说的话用"回声法"反射给孩子，即肯定他的话，然后再加上一个具有积极意义的问题。

若是孩子反复地说"我才不想学习呢"，老师就以"回声法"来回应他："是啊，我才不想学习呢。"然后，加上一个具有积极意义的问题，追问他："那么你想干什么呢？"孩子会说："想玩游戏。"

接着，还是用"回声法"继续追问下一个问题："是啊，想玩游戏。那你想玩什么游戏呢？"当被问及"想玩什么游戏"时，孩子也不得不思考。于是，他从兜里拿出卡片来，说"想玩这个"。

"想玩这个啊。想怎么玩呢？"一看孩子拿出来的卡片，原来是口袋妖怪卡牌 ❶。

孩子将收集得非常齐全的口袋妖怪卡牌带在身上。仔细一看，每张卡片上都写着不同的点数，有 30 点、120 点等。这个游戏的玩法是，"将那些卡片分发给双方，所出卡片点数大的一方，能把点数小的卡片收为己有"。

老师首先肯定了他的想法，说："好有趣啊。那么我们就来玩这个吧！"然后，就按照孩子所说的来做。

"此时，继续出卡片，卡片点数大的一方获胜"——如果是孩子最喜欢的事情，他能让自己的头脑运转起来，对规则进行详细说明。他母亲之前说过："这个孩子根本不懂规矩，也不懂做人的规矩，真是很让人困扰的孩子。"但是通过游戏，孩子就能自己思考规则并进行说明。

---

❶ 以日本动画片《宠物小精灵》（又名《口袋妖怪》）为题材而制作的卡片交换游戏。——译注

在游戏中学会思考

老师说完"那么我们来玩这个游戏吧"，就把卡片分发了，开始游戏。孩子出点数大的卡片，若是老师出了点数小的卡片，孩子就会把卡片拿走。但若老师出了点数大的卡片，想要拿走孩子的卡片时，孩子就会说："老师，你不可以出点数大的卡片哦。但因为我岁数小，所以可以出点数大的卡片。"

这真是奇怪的规则。这是因为孩子为了确保自己肯定能赢，而一直在思考。

但是，老师若是否定说"有那么奇怪的规则吗"，一切就到此为止了，会变得很糟糕，所以应该说："是吗？很有趣的规则啊。我们就那么做吧。"于是，老师就会不断地输给孩子，只有孩子单方面获胜。这时，如果老师说："让我偶尔也赢一次吧。"因为孩子总是在赢，也很无聊，所以他会回答"嗯，好吧"。在这一过程中，他将学会如何谦让。

　　结果孩子赢了。孩子会高兴地喊"好有趣"，老师也一起高兴地说"好有趣"。接着，当老师提出"我们再来一次"的建议时，如果孩子附和说"好"的话，老师就会接着说："那么，这次能不能想一个和刚才不一样的规则呢？因为我认为你很擅长思考，很厉害，所以你再多思考一下吧。"

　　这时，将"你很擅长思考，很厉害"的观念传达给孩子。他一听说"考虑一个不一样的规则"，就马上开始思考了。

　　再一次分发卡片，问他"这次是什么样的规则"时，孩子会说"按顺序出卡片，手里的卡片最先出完的一方是赢家"。

　　老师说"是吗？和刚才的规则不一样了呢。确实要好好思考了啊。好像很有趣啊，那么我们就这么做吧"。然后，接着问"那么谁先出呢？"孩子会说"猜拳来决定"。

　　一猜拳，结果是老师赢了。因为分发的卡片数量是一样的，所以按道理来说，先出的一方就会把牌都出完了。老师若是担心地问道"我先出，没问题吗？"孩子会回答"可以啊"。然后开始玩起来，在这个过程中，孩子也会

一次出两张卡片。

老师若是问"哎？也可以一次出两张吗？"，孩子会说"嗯，因为我年纪小，所以出两张也是可以的，但老师不行"，又是有趣的规则。孩子为了自己能获胜而一直在思考。

"是吗？好有趣的规则啊"，然后按孩子的规则去做，这样一来，孩子的卡片就渐渐地出完了。若跟他说"让老师偶尔也出两张吧"，他会回答"嗯，可以啊"，又会让老师一下。

像这样，通过游戏让孩子去思考规则、遵循着规则做下去，教会他谦让，甚至还可以将"你很擅长思考，很厉害"这一观念也植入孩子的心灵中，孩子就会越来越接近可以自主学习的状态了。

倾听孩子的目标

虽然那么愉快地和孩子一起游戏，但是不能永远这样一直玩下去。最重要的是接下来的事情。

要问孩子"你长大之后，想要做什么"这样的话，孩子就会思考，说"这个啊，我想成为棒球运动员"。即便只是此时的梦想也可以，因为很纯朴。然后，让他知道为了能做想要做的职业而必须要做到的事情和要忍耐的事情。

"是吗？想要成为棒球运动员啊。棒球运动员分为投手和接球手，你想要成为什么呢？"还是用"回声法"来询问他。

"这个啊，我想要成为击打的那个人。""是吗？想成为击球手啊。击球手站在击打区域，对于投球手投掷过来的球，必须要有选择性地击打。为此需要注意力很集中哦。"由此，教会他注意力集中是一件很必要的事情。"注意力若是无法集中，是不能成为优秀的击球手的。所以，让我们来培养集中注意力吧！"接着，若是问孩子"想不

想培养集中注意力"，孩子会回答"想"。

然后对他说"那么，坐在那里，你要是做这个练习册的话，就能培养集中的注意力"。虽然这孩子是一年级学生，但若是给他拿来三四岁用的、较容易的练习册，孩子因为知道做练习册能培养出自己想要成为击球手所必需的集中注意力，就会坐下来开始做。

然后，对他说"哇，好厉害啊。这么容易就做完了啊。很棒啊，很好，一百分"之后，如果再接着给他练习册的话，孩子马上会在很短的时间里很轻松地完成十几页。

但是，因为他原本讨厌一动不动地坐着学习，所以他会说"不行了"，然后又动起来。此时，不要对他说"不可以"，而是说"那么，你想做什么呢？"孩子会说"又想玩了"，这时要回答"那里有游戏的玩具，你去拿来玩吧"。如果这样进行交流对话，孩子就容易接受了。

再次跟他那样玩起来，"你如果还想成为击球手，那么集中注意力是非常重要的哦，所以我们还是为了培养注意力来做练习册吧！"这样对他说之后，让他再坐下来做练习册。这样一来，第一天就可以让他坐下来两三次，完成十几页的练习册。

　　结果，虽然这孩子明明是第一次来这个教室，却已经能规矩地坐在那里，完成了十几页的练习册。而且，在这里，老师一次也没有批评过他，而是认可、接受他，并且夸奖他有思考能力、所做的事情都做得非常好，然后还夸奖他可以集中注意力去做事情。这时，孩子的心情非常轻松，所以他会说"我明天还来"。

　　正如这个例子，对于不呵斥自己，而是充分地满足自己的心灵和认可、表扬并爱着自己的人，孩子会百分之百地敞开心灵，变得很乖巧。请一定要记住这节介绍的"回声法"，希望你能将此方法领会之后，在家庭中使用。

轻声细语的教育从 0 岁开始

从 0 岁开始对幼儿进行教育的目标就是，要以尽可能地不损伤幼儿与生俱来的高素质为前提，并以这种形式来保留这种高素质。

所有的生物在诞生之初，都有一个甚至被称作是异端的、显著的成长发育时期。比如老鼠，据说出生后的 30 天内是其引人注目的成长发育时期，我们知道，在这一时期内得到良好、正向刺激的老鼠会成长得很聪明；反之，则会成长为劣等的老鼠。

像老鼠这样的小动物都有一个较短的成长发育期（叫作临界期），人类更是从 0 岁到 6 岁都是临界期。

人们通常都认为，刚刚出生的小婴儿几乎什么能力都没有，头脑的功能为零，所以要慢慢将知识教授给他（她），这才是教育。其实必须完全相反地去认识：在人类整个生涯中，婴儿一直都受到了恩赐，被赋予了最高的素质和潜在能力。

　　然而，奇妙的事情是这种天才性的素质若是没有被发现的话，就会马上衰减。这被称为"才能衰减原理"或是"才能递减法则"。所谓递减是指"逐渐地越变越少"。

　　华盛顿大学的帕特里夏·库尔一直从事有关听力的研究，他认为，"对于在 1 岁之前没听到过几次的声音，婴儿在今后将无法听懂"。

　　有没有从婴儿时期就开始让丰富的语言围绕在孩子身边并对其进行培养，在 2 岁的时候两相对比，差距会拉得很大。到三四岁的时候，会进一步拉大差距，到那时就很难再挽回了。

　　从该事例可知，婴儿刚出生时的素质很高，越早进行教育的话，越能让高素质保留下来；反之，越晚让其受教育，素质会越低。在这一时期，若是父母不劳心劳力，只是任其一直玩耍的话，孩子将会失去与生俱来的出色素质。若是 6 岁以后再进行教育，提高素质将会变得非常困难。

　　因此，父母必须要努力将刚出生的婴儿所具有的高素质最大限度地保留住。

对于刚出生的婴儿，需要费尽心力、轻声细语地用爱来培养他们。如果对此不了解，放任婴儿不管、让他们自己看电视的话，将无法培养其语言能力，将来反而有可能会变成自闭、无法学习的孩子。

0 岁到 3 岁的时期特别重要。若是在这一时期对孩子放任不管，结果将会变得不可逆转，无法挽回。

从 0 岁开始的教育不是立足于给孩子灌输知识，而是要立足于"不破坏孩子优秀的素质，并尽可能最大限度地为其保留住"这一方式上。

早期教育不是学习知识，是建造大脑接受知识的回路网

　　直到最近，人们都一直认为孩子的头脑是幼稚的，因而教给孩子难一些的事情是不切实际的。然而，最近大脑生理学的迅速发展，已经证明了这一观点是错误的。

　　人脑和其他器官不一样，在孩子 3 岁时已经发育形成了成人的 80%。据说脑细胞数达 140 亿左右，它们会根据刺激成长并形成回路，在 3 岁之前基本形成了连接细胞的、极为复杂的回路网。

　　幼儿教育不是以让其学习知识为主要目标的，重要的是预先建好能够接受知识的回路网。

　　然而，关于幼儿教育，电视、报纸和杂志上的普遍论调都是否定性的。不允许在孩子很小的时候开始教他们，这种论调占多数，处于压倒性地位。

　　这其中还有不切实际的、错误至极的看法。如果让孩子只是玩耍，这样培养的话，孩子会变成什么样呢？

根据《教育心理》（1986 年，Vol.34—No.9）上所刊登的名为"产生成绩不佳儿童的土壤"的调查结果显示，在 9857 名入学之后成绩不佳的儿童中，有 9668 名（98.1%）儿童的父母曾是反对学前教育的人士。

这些父母都认为幼儿教育会使孩子的心灵变得奇怪。实际上，因为在入学前什么都没让孩子做，只是让他们玩，孩子预先也没能学会礼仪教养和基本的学习能力，所以以后成长为不能跟上大家步伐的孩子。

为什么这么重要的事没能作为正确的常识在社会上得到广泛认识呢？这是因为报纸不想正确地报道事实。大体上来说，与早期教育相左的论调还存在着，因为"让孩子一边玩耍一边培养的方法更好"这种毫无根据的教育评论家的意见更占上风。

反对早期教育的几大理由之一，就是认为早期教育等于天才教育，人们认为就算在幼儿期培养出了天才性，但是很多孩子长大后，无法保住这一宝座，还是变成了默默无闻的普通人。如果都这么认为的话，从一开始就什么都不做岂不是更好！

所谓早期教育是指别让孩子入学之后难以跟上学业、成为让人困扰的孩子的教育。如果将其替换为天才教育的话，会有问题。

入学时的天才儿童长大之后会变得越来越不聪明，社会普遍认可的这个观点真的是正确的吗？

过去在美国，也有一些关于这方面的研究。比如，名为霍林沃斯和柯尼茨的学者，他们在 1934 年对 116 名孩子进行了测试，10 年后再次进行测试。10 年后的测试结果几乎和最初的测试结果一样，此外，入学时的高智商儿童在三十几年后，都就职于重要职位。

1921 年到 1922 年间，有约 1000 名孩子在加利福尼亚州的测试结果中被判定为高智商儿童。特曼一直进行跟踪调查这些孩子。10 年后的调查结果和最初的相同，这些高智商儿童平均比普通儿童要快 2 个学年。接下来的调查是在第 25 年时进行的。已经长大成人的他们继续以超出平均水平的能力，保持着优秀的性格、智慧和成绩。

在这之后的调查是在 38 年后进行的。调查结果显示，好成绩依然延续。他们其中的 47 人被载入了"全美科学

家名簿（1959 年版）"里。据说在 40 岁时，他们出版著作的数量已升到 67 本，论文数量为 1400 篇，专利数是 150 个。

　　"若是在幼儿时被培养的话，长大之后会变得无法适应社会"的这一说法完全是误解。

基本的学习能力形成于 0 ～ 6 岁

0 岁到 6 岁的学前教育是何等重要，通过孩子小学之后的学习状况也可以看得很清楚。

现在，能跟得上学校授课进度的孩子的比率是，小学生 30%，中学生 15%，高中生 5%。剩下的孩子都无法跟上学校的授课进度。这是什么原因造成的呢?

因为学校的授课进度正变得非常快。以小学为例，孩子一入学后，从 4 月中旬到 5 月中旬的一个月里，学会清音、浊音的读写就不用说了，甚至连促音（瞬间中顿的发音）、长音（前音拉长）、拗音（带有小的 "ゃ" "ゅ" "ょ" 的读音）的读写也全部要学会❶。孩子们必须以 1 天 5 个字左右的速度来记住。

如果说到指导要领的话，6 月时要能写出一篇具备主语、谓语并能正确运用的作文来。

---

❶ 清音、浊音、促音、长音、拗音是日语假名的分类，是日语构成的基础。——译注

4 月刚刚入学的孩子要在 1 个月之内学会文字读写，然后在第 2 个月之内能写出漂亮的作文，他们能做到这些吗？应该是做不到的。若是能写出来，往往是因为在幼儿园或在家里就已经能正确写出来了。进入小学后才开始学习的孩子怎么都无法记住文字，因为最重要的记忆时期已经过去了。

3 岁的孩子要比 6 岁的孩子更能轻松地记住文字，因为幼儿时接触的文字进入潜意识，形成了更为优秀的潜意识。然而，进入学校之后才开始的教育是显意识教育，根基很浅。

基本的学习能力是通过潜意识来学习的，形成于幼儿期。然而，父母不了解这一点，让孩子在上小学之前玩耍着成长，等到正式上学时，孩子的素质已成型了，很难再改变。

若是孩子年龄越大素质越好的话，那么让他们玩耍着成长也是可以的。但是，如果只是让孩子玩耍着来培养，他们在入学时就已经感觉到学习困难了，因此，会无法跟上学校的教学进度，进而甚至会辍学。

在这里有一份在《朝日新闻》上刊登过的一位母亲的投稿：

我的孩子上了小学之后，被夹在已经能读写的孩子中间，他的辛苦真是难以言表。"因为我的孩子一直没有学习过文字"，即便这么对老师说，在年轻而严厉的老师看来，还是无法接受的，"怎么连那个都不会"。

曾经悠闲快乐的二儿子似乎落后于其他人很多。若是大家都一样是一张白纸的话，我也就不懊悔了，但是每次老师拿着成绩单对我说："您看看您孩子的字，和其他孩子相比，这差距也太大了吧。"作为我来说，孩子之前还什么都不会写，而现在却已经能读写得如此之好，对此我是感到欣喜和感谢的，但是却也感到羞愧和悔恨，为什么之前没有更扎实地教他呢？0 岁到 6 岁是多么重要的时期啊，时至今日，还会遗憾地想落泪。

再多一些"教育妈妈"也很好啊。我要对有学龄前孩子的家长说，请在幼儿期开始教孩子吧！若是连名字都能写好的话，那是多么让人惊喜的事情啊。否则，今后饱受

痛苦的是孩子，谁都无法帮忙。

接下来是某医院院长的话：

长子从很小的时候就开始认真学习，所以小学、初中、高中全都顺利地通过了，大学毕业于医学部，现在也当医生。这孩子已经成长为足以承担起继承我事业的接班人了。

然而，在二儿子 3 岁的时候，有一次听到电视上的某位评论家的观点："如果在孩子小的时候教给他们太多的理性事物的话，会束缚孩子的心灵，那样不好，应该让孩子悠闲快乐地成长。"二儿子转述这番话给我听，我就开始反省，长子的成长是不是有点过于束缚了呢？于是，我改变了教育方针，按照教育评论家所说的那样去培养二儿子，让他悠闲快乐地成长。

结果，二儿子小时候非常开朗、聪明伶俐、轻松快乐，但是上学之后成绩却很糟糕，变成了非常忧郁、不爱学习的孩子，做出来的事情让人想哭。

这时，我第一次意识到将教育评论家的话囫囵吞枣地全盘接受是错误的，但是已经无计可施了。男孩子只要轻松快乐地成长，不要对他们唠叨学习的事儿——悠闲快乐地成长的结果就是孩子没有学习能力，容易步入歧途。

就像上述这段话所说的那样，所谓轻松教育不是目标，而是结果。

真正一直轻松的孩子，往往在幼儿时期已经掌握了坚实的基础能力，进入小学之后，能在知识学科上达到一定的水准。

使孩子轻松不是指不让他们学习光让他们玩，恰恰相反，若是让他们在学习方面做得很好的话，他们的素质会变得更高，入学之后不会烦恼于学业，而是会轻松快乐地学习。

良好的学前教育能使人受益一生

是否在 0 岁到 6 岁接受过学前教育，在中考时能表现出巨大的差异。

据说我们七田真教室的 T 老师接到了让人欣喜的电话，是一位在幼儿时期就一直让孩子到他那里学习的母亲打来的，说孩子已经考入很难考的重点中学，进入到名牌国立大学附属中学学习。这所中学的学生几乎都是从其附属小学直接升上来的，几乎很少能从其他学校考入。从这所学校出来的孩子几乎都能轻松地进入东京大学、京都大学、筑波大学等这些名牌学府。

而且，在这个教室里还有其他一些父母也接连不断地、欣喜地报告说，自己的孩子轻松地考进了著名私立中学和很难考入的中学。这些父母都说孩子之所以能考进都是托了幼儿教育的福。

像这些在入学前很好地接受了幼儿教育的孩子，即便在中考时也能不怎么费力地就突破难关。

当向那些在幼儿时期就来到我们教室的孩子询问他们实际应考时的感想时，都说考试很快乐。

为了突破难关、考进重点中学，人们很容易就想到是不是要从小学一年级开始就去补习班，在小学时是不是需要异常辛苦的超负荷教育呢？然而，接受过幼儿教育的孩子就没有这种需要，他们在小学一直都过得很轻松、愉快。尽管如此，却一直积蓄着跨越考试的力量。

并不只是考试。即便是进入中学之后，也能继续发展出和其他孩子不一样的、优秀的才能。

还是说一下曾参加我们七田真教室课程的小 Y 吧。这个孩子在中学二年级的时候，进入了美国名校。在校时，加入了足球部，异常活跃，而且在拉丁语方面也是第一。据说美术老师甚至夸奖道，从来没见过这样优秀的孩子。

如上所述，是否在幼儿时期很好地接受过教育，不只是在孩子的小学时代，而且在其以后的人生中也会显现出巨大的差异来。

用丰富的语言对 0 岁婴儿进行文字教育

前文已详述从婴儿时期开始进行教育比较好，那么应该如何实践呢？

刚刚出生的婴儿拥有最为优秀的潜意识功能。婴儿的潜意识所发挥的作用要比成年人显意识的功能大几十倍。正因为用这样优秀的潜意识能力在学习，所以婴儿的学习和成年人的学习在本质上是完全不一样的。

婴儿凭借这种潜意识学习，在出生后不久，就形成了自己性格、才能、行为的基本雏形。那么，基本的雏形会发挥什么样的作用呢？

婴儿的潜意识所形成的是，将其所听到的周围的语言或者在其生活环境中所具有的全部印象都吸收进大脑的形式里的配线系统中。此时，婴儿将周围的印象全部吸收进大脑，比如，我们举个语言的例子来说明潜意识是如何对语言发挥作用的。

婴儿刚出生时，接触到周围所说的语言都是自己完全无法理解的，他首先会将这些语言作为声音牢牢记住。等到年龄稍大、能听懂话时，他的潜意识会理解在婴儿时期所吸收的语言，并将其作为自己行为的来源。

在德国，有一位女性一直受到慢性腹泻的困扰，不论采取何种治疗都无法治愈。然而，当她接受催眠治疗之后，终于将病因彻底找出来了。

据说这位女性在刚出生第 1 年时，患上了消化系统方面的疾病，她的父母原以为她会早夭，甚至还买了一块墓地。于是，当治疗师让她真实地回想那些事情时，她重现了当时的各种场景，她说："一直被母亲抱在怀中，心情非常糟糕。父母一直哭泣着，医生一直对父母说，'可能已经严重得治不好了'。"

在向她母亲询问当时的事情时，她和她母亲的记忆完全吻合。

这位女性的显意识明明对那些幼时的事情丝毫记不得了，而潜意识却将其都吸收进了记忆中，成为她无意识行为的根源。

像这样，婴儿的潜意识将来自外界的印象吸收到大脑，

从而形成了才能、性格、行为的基本雏形。为了能让你更加深理解，下面将介绍一些实例。

这是我主办的"培育梦想之友会"会员的实例。

通常，一般的母亲都会认为，在婴儿 6 个月和 8 个月的时候，只有让婴儿听好的音乐，才能被视为教育。这种想法大错特错。出生后 6 个月或是 1 年之内的婴儿，有着无与伦比的接受和吸收能力、学习能力。

在这一时期，只有让出色的功能发挥作用，高素质和才能才会衍生出来。对有出生后 6 个月婴儿的会员进行指导，让他们每天都准备丰富的题材来跟婴儿们说话，与此同时，还送给他们一些可挂在墙上的字帖，上面写有"あいうえお"❶和小学一年级期间将要学习的汉字。每天花一两分钟，一边用手指着字帖一边读给婴儿听，慢慢地教他们。

按照以上方法实践的 T 女士的孩子，在 1 岁 1 个月时记住了"の"这个字，到了 1 岁 8 个月时，语言丰富得令

---

❶ 五个日语假名，构成了日语发音的基础元音。——译注

人吃惊，不仅会读"あいうえお"五十音图❶，而且甚至还能读 30 个汉字。

此外，A 女士的孩子也是被这样培养的，结果在 2 岁 1 个月时，能读出我送给他的字帖，甚至能还能轻松读完小学一年级的教科书和我送的汉字图画书。

在将下面的例子和以上例子相比较之后，你将会明白，在 0 岁到 1 岁时，让潜意识发挥作用是多么重要的事情。

M 女士在她孩子 5 岁时才初次开始对他进行文字方面的教育。然而，孩子对文字完全没有兴趣，记忆力也不好，甚至连记都不想记。于是，就询问她在孩子 0 岁到 1 岁时是如何教育、培养的，她回答说几乎没怎么管过他，放任自由。

这两个例子一比较，可以清楚地看出婴儿大脑所吸收的东西不同，其作用将产生很大的差异。

接受了从 0 岁开始教育的孩子拥有比较高的素质，而没有接受 0 岁教育的孩子到了 5 岁再教育就只能培养出较

---

❶ 指所有的日语假名。——译注

低的素质。通过前面的实例，我们了解到，在婴儿6个月时，一边指着文字一边读给他听，会使其亲近文字，能将文字吸收进大脑，这样他在能开口说话之后的学习就会变得非常容易。

只能在 0 ～ 6 岁进行的"模式学习"

下面，我们来学习一下有关婴儿学习的双重构造。

婴儿不是通过红色、蓝色这样的抽象颜色来进行感知的，而是将像人脸这样复杂的颜色作为一个整体去感知。

如果获得了认知红色的能力，那么接下来是黄色，紧接着是蓝色……像这样遵循着某种顺序逐渐感知颜色。据说通过这种方式，将会花数年时间才能分辨出人脸的颜色。

像婴儿的这种外界认知模式，特别是从 0 岁到 1 岁，不是从单纯进化到复杂，而是对受到刺激进入大脑的事物原封不动地进行认知。

因此，在这一时期，即便给予孩子的刺激是复杂的事物也没关系。同时，这时吸收能力（接受能力）比其他任何时候都要强大，所以如果给予孩子复杂的刺激，就能够建成相应的复杂回路。

不过，过于强烈的刺激也是不可行的，另外，如果不反复刺激，无法培育出好的回路。请牢记这一点。

但是，婴儿认知事物并不仅仅通过以上的模式进行。比如，婴儿学习语言，不仅是模式学习，还能将在生活中遇到的每一个单词都记住。若是只依赖模式学习，婴儿的语言能力无法取得令人振奋的进步。

因此，在对婴儿说一些比较复杂的话题时，也要将婴儿在平时经常接触到的单词一一重复给他听，这是非常重要的。

虽然孩子没有专门学习语言，但是在1岁左右能自己开口说话，这是目前为止大家普遍持有的乐天想法（也就是说，一直只依赖于婴儿优秀的模式学习）。

但是，通过最近的实验观察发现，如果培养婴儿让他听的语言越丰富，他就越早会说话；并且，如果能让婴儿记住语言的词句，他就能逐渐明白那词句的意思。然而，如此理所当然的事还一直没有被普遍认识到。

婴儿为了能记住一个单词，或许需要不停地重复数千次。而等到记下一个单词后，只要用之前几十分之一的努力就够了。对于接下来碰到的单词，能够更迅速地做出反应，因为正在形成反应回路。

如果回路能够越早形成，就会越出色。但是，如果晚一些才形成，就无法成为优秀的回路。这是为什么呢？

婴儿的脑细胞在出生伊始，相互之间是没有联系的，也没有发挥作用。在出生之后，由于受到来自周围的刺激，脑细胞之间逐渐开始彼此联系。此时，重复是非常重要的，一旦进行重复，细胞和细胞之间的联系部分将变大，能够形成轻松传递刺激的回路。若是刺激缺乏相应环境的话，脑细胞会发育得比较迟缓，回路的作用也不会很好。

等到 6 岁左右回路完全形成时，已经无法修改了。到了那时，无论提供多么良好的教育，已无法重组、替代现有的回路了，而且也无法培养出可以轻松传递刺激的良好回路了。

如果为了让幼儿的能力得到很大提高，应该从 0 岁开始进行教育以便形成优秀的回路，同时，要经常准备好配合形成回路的刺激。否则，事与愿违。适当的学习能使幼儿的能力得到强化，他们的脑细胞将建立起活跃、优秀的回路，而且能形成复杂的组合。

按照以上方法去做，从两三岁开始就接受小提琴教育的孩子，能轻轻松松地掌握艺术类大学生花费 4 年时间也无法完全掌握的演奏技巧。

从 0 岁开始接受教育的婴儿因为其脑细胞有非常优秀的回路，所以能轻松地适应高品质的事物。也有这样的事例：从孩子出生开始，斯托纳夫人就一直对他说话，对其进行培养，他 9 岁进入大学学习，12 岁时掌握了与大学毕业生并驾齐驱的知识。

据研究称，婴儿所拥有的模式学习能力是成年人所不具备的，它以下面的方式发挥作用。

通过优秀的模式学习能力，婴儿将被给予的刺激记录在脑细胞中，并通过婴儿不可思议的感受性被记录下来，但一直没有呈现出来，婴儿自己也丝毫没有意识到。这些刺激在这样的无意识中固定下来，甚至如同用胶卷拍照那样被记录下来。

孩子在 3 岁多时，模式学习能力开始以才能、性格或行为的形式显现出来，而这时，刚进入思考能力的成长发育期。

比如语言能力，若是 3 岁之后，孩子的词汇量突然增加了，能准确地说一些难度较高的词语。毋庸置疑，这是在无意识时期所获得的模式学习能力的结果。这使孩子的语言具有日语发音独特的特征。

"模式学习"可以培养"才能"

婴儿用自己的潜能将从外界获得的印象吸收到大脑里的配线系统中，这样的学习方法被称作"模式学习"。这种学习方法和成年人的学习方法完全不一样。

婴儿并不是在对来自外界的印象——进行理解的同时，将其作为知识吸收进大脑中的。进入大脑中的事物不论难易，都被吸收到大脑的基本配线系统里。因为这种学习方法不论难易，所以在这一时期吸收高难度的事物，最后会以天才的才能表现出来。

婴儿通过这样的学习方式，在出生后的几个月内，将父母的行为作为模式烙印在大脑里，并在多年之后发挥作用——等到将来也为人父母时，会表现出和他们完全一样的习惯、兴趣与倾向。因此，大部分被认为是性格遗传的东西，实际上都是在这个时期习得的。

这种通过婴儿潜意识的模式学习的能力，在婴儿刚出生时很高，大约 6 岁之前都具有这种学习能力。

模式学习的能力很强大，比如，孩子每天都看父亲下围棋，将那些复杂棋局都吸收进大脑中的配线系统里，在潜移默化中逐渐形成了一种才能。如果孩子在长大成人后才开始，仅仅凭借记忆去记住单纯的知识，是无法掌握要义的。

在"本因坊之战"❶ 中，创造了九连霸纪录的高川秀格"名誉本因坊"，在和索尼原主席井深大先生对谈时，说了下面的这番话。

据说高川先生在 3 岁时就能记围棋棋局了。那并不是强制性的灌输式教育，而是他在父亲和邻居下围棋时，经常坐在旁边观看。于是，身为初段❷ 的父亲就想，这孩子是不是也能下围棋呢？为了测试一下，他就让儿子以井目❸ 的优势和自己下一盘，让他出乎意料的是，儿子很快就赢了。

---

❶ 日本七大围棋赛事之一，争创连霸的冠军得主称号为"名誉本因坊"。本因坊原是日本围棋界最大，也最具影响力的围棋世家之名，后由第 21 世本因坊将该名赠予日本棋院，用于 1936 年《每日新闻》开始设立的"本因坊之战"。——译注
❷ 围棋选手的段位。——译注
❸ 在围棋中，如果对战双方之间实力相差悬殊，实力较弱的一方能预先在棋盘上的九个黑点处放置好棋子。——译注

遵循孩子智力发育的顺序，教育就能更具效果

在对婴儿进行 0 岁教育时，需要注意哪些事项呢？

刚出生的婴儿的智力发育是有一定顺序的。是否知道这一点会使孩子在生长发育过程里表现出巨大的差异。

让我们来了解婴儿的智力发育顺序吧，并看看其是如何发挥作用的。

知道物体的名称及其用途的"辨别能力"

对于刚出生的婴儿来说，母亲温暖的爱抚和饱含爱心的话语比其他东西都更重要。

孩子身心的成长发育就这样在母亲富含爱意的语言下进行。充分意识到这一点非常重要。

因为还只是婴儿，不论对他们说什么，他们都还听不懂。通常的想法是，等孩子明白事情时再和他们进行语言交流。然而，要坚信对婴儿说的话能传达给他们，丰富的

心灵般的对话是帮助婴儿智力发育的第一步。

　　婴儿越是能获取丰富的语言信息，其情感和智力的成长发育就越能向前良好发展。语言的成长发育正是通向丰富感受性世界的入口。

　　失明、失聪并且不能说话的海伦·凯勒在 6 岁时，完全没有情感和智力发育的迹象，还如同未开化的动物一样。有一位名叫沙利文的老师来陪她，教她学会了语言，进而使其逐渐培育出情感和智力。

　　正是有了语言，人类才能成为人类应有的样子。关于这一点，从海伦·凯勒的例子可以清楚地知道。

　　之所以说孩子智力发育的第一步是辨别能力的发育，就是这个原因。

　　所谓"辨别能力"是指，知道"事物的名称及其用途"的能力。比如，知道铅笔、杯子等名称，明白铅笔是用来书写的，杯子是用来喝水的。

　　为了更好地培养孩子的辨别能力，指着他们周围的事物并告诉他们"这是什么什么哦"，这是第一步。

　　辨别能力可以通过一边给孩子看带图的卡片，一边告

诉他们图中物品的名称来培养。比如，指着孩子身体的一部分说："这是你的手、脚、鼻子、嘴巴……"这样每天反复说给孩子听，将对培养辨别能力起到良好的作用。

学会"这个和这个是一样的"对应能力

在孩子的辨别能力发育之后，接下来就轮到对应能力的培养了。

所谓对应能力是指，明白"这个和这个是一样的"能力。或者说，明白"这个和这个是同一种类的"能力。

当孩子满 1 岁之后并能说话时，给他们读图画书，若是翻到有苹果的那一页，就把厨房里的苹果拿过来，让孩子比对着来理解真正的苹果和图画书上的苹果是一样的。若是孩子会说"一样的"，就经常一边让孩子看苹果一边说"一样的，一样的"。这便是对应能力。

随着对应能力一点点地提升，孩子能逐渐明白母鸡和小鸡、青蛙和蝌蚪等是母子关系；能分辨出郁金香的花、茎、叶，菊花的花、茎、叶；或者能弄清楚苹果和橘子同属水果类，胡萝卜和萝卜则是蔬菜类。

学会"不一样即相异"的分类能力

在培养完孩子的对应能力之后，接下来应该培养分类能力。

在分类中，有"颜色的分类""形状的分类""区分男孩和女孩""区分水果和蔬菜""区分兽类和鸟类"等很多种类。

例如，颜色的分类，红色纸和绿色纸各有五张，将它们按照红色的是红色类，绿色的是绿色类区分，这便是分类。

这时，孩子能明白"相同"和"不相同"是分类的基础。若没有具备红色和绿色是不一样的概念的话，是无法进行分类的。

因此，分类能力的根本在于，让孩子明白"不一样即相异"，这是进行分类的第一步。

在五张红色纸上放一张绿纸，然后问孩子"哪个颜色是不一样的"。若是能正确回答出来，就表明已能正确地分类了。

然后，再换一种方式问"哪个不是同一种类的""哪个种类是有差别的"，能回答这些问题也很重要。

母亲也要知道用不同的表达方式来表现"种类有差别"的含义，要让孩子去感受语言的差异。因为在幼儿园和小学入学考试时，孩子也会被这样问到，所以若是他们不知道这样的说法，是无法正确回答问题的。总之，来试着让孩子根据不同的提法回答提问吧！

学会"哪个是红色和圆形"的组合能力

接下来，需要培养孩子的组合能力。

所谓组合是指"两个元素的组合"。比如，红色、黄色，这分别是一个元素；圆形、三角形也都各是一个元素。将它们组合一下，以"哪个是红色和圆形""哪个是黄色和三角形"等这样的问题向孩子提问，看其是否能判断组合。

用三种暗示游戏来培养综合能力

若能够对三个以上的元素进行综合性判断、识别，标志着综合能力正在成长之中。

比如，大的、红色的、圆形和小的、红色的、圆形，便是各由三个元素组成的。能明白这一点，也就具有了综合认知能力。

　　"三种暗示游戏"是培养综合能力的一种教材，其对象年龄从 2 岁开始。阅读卡上写有三个要点：

　　①是松鼠。

　　②穿着红色的鞋。

　　③一直拿着铁棒。

　　让孩子根据阅读卡的三个要点，去拿相应的图片。图片中有松鼠穿着红色的鞋并且拿着铁棒的卡片，以及松鼠荡着秋千的卡片。若是只有两个元素，还无法知道是什么；当三个元素都知道后，便能正确地理解了。

　　像这样，三个或者三个以上的元素组合而成的事物的过程被称为综合。在孩子成长过程中如果能具备这些能力，他们的知识将能逐步增加。

　　请遵循这样的智力发育顺序，并考虑对孩子所起的作用吧。

孩子上小学前需学会的 10 种基础知识

孩子在入学前，需要学会以下 10 种基础知识。

1.颜色：红、黄、蓝三种原色。

2.形状：圆形、三角形、正方形三种基本形状。

3.大小：大的和小的。

4.数字：1、2、3……

5.量的程度：多、少、一半、更……

6.空间认知：上下、前后、左右。

7.比较：长、短、高、低……

8.顺序：第一、第二、第三……

9.时间：昨天、今天、明天、几点、5 分钟之前……

10.钱：1 元、5 元、10 元、50 元、100 元……

以上 10 种基础知识被认为是应该在幼儿时期（两三岁时）让孩子掌握的模式认知，这对他们的智力发育很有帮助。为了让孩子们掌握这些基础知识，我们要在日常生活中不断地提及。

即便是那些有智力障碍或患唐氏综合征与自闭症的孩子，如果我们能掌握这种模式认知的基础知识，让他们提高认知辨别的能力，症状有可能会逐步减轻。

一般来说，孩子在和家人进行日常对话中会自然而然地掌握这些基础知识。但是，如果在日常对话中很少涉及这些基础知识，会变成什么样呢？没有接触到的东西是不会被孩子们很好掌握的。

下面，让我们分别具体地进行说明吧！

一、颜色

首先从红、黄、蓝这三种原色开始教吧。

用实物来教能让人很容易理解。在展示红色的苹果、红色的草莓、红色的笔、红色的彩纸等给孩子看的同时，还得一样一样地告诉孩子。若是孩子能分辨那三种原色，可以开始逐渐增加颜色的数量，如白色、黑色、绿色、粉色、橙色、紫色、茶色等。

越是在孩子小的时候培养他们的色彩感觉，就越能培养出他们高超的辨别细微颜色差异的能力。所以，不要仅

仅局限于 10 种颜色，可以让孩子识别 50 种颜色，甚至是 100 种颜色，这是非常有益的。

为了培养孩子出色的色彩感觉，最重要的是要多带孩子外出，让其感受并流连于自然风光中的色彩，如红色的朝阳、蓝色的晴空、白色的云、绿色的树木、黄色的花……自然界最不缺少的就是颜色。

同时，尽可能从小开始，每天给孩子看由名画等制作而成的卡片。这样，孩子能自然而然地认识画家运用色彩手法的微妙差异。

若孩子到了四五岁，可以给他们红、黄、蓝三种原色的绘画工具。一旦教会他们混合颜色，并可以从三种原色中调和出许多颜色的话，孩子就会热衷于此。所以，鼓励他们创作颜色吧！并且让孩子为自己创作出的颜色命名。让他们挑战一下，看看能创作出多少种不同的颜色。然后，用这些颜色描绘出草莓和豆子等东西，培养他们对绘画的兴趣。

二、形状

要让孩子注意到日常生活中有许多形状。这样一来，孩子会表现出对形状的兴趣。

圆形的月亮和太阳，正方形的窗户和书，呈现三角形轮廓的树木和山等，在孩子刚满 1 岁时，就要开始教给他们这些知识了。

孩子若是能分清圆形、三角形、正方形，可以接着让他们接触其他更多的形状，如椭圆形、长方形、星形、十字形、菱形、梯形等。

若是能用铅笔描绘出圆形、三角形、正方形的话，就具备写字或者画画的基础了。所以，识别与描绘形状是基本。

此外，让孩子用各种形状的积木来玩盖房子的游戏，能让孩子立体化地抓住形状的感觉。

通过创造事物的积木游戏和黏土游戏，能培养出具有创造力的孩子。

如果孩子能用各种形状创造出各种设计，并且记住创造的乐趣，一旦闲暇就努力去创造各种模样的事物，那么这时他们已经开始拥有作为未来设计师的潜质了。

让孩子玩这种细致、精密的组装游戏，能培养他们的计算能力、集中注意的能力、思考能力、创造能力，以及

手的灵活度。

世界各国的国旗和道路标示、地图上的各种标记，也是让孩子认识形状的好教材。让孩子明白各种形状在什么样的地方是如何被利用的，这也是很好的知识吸收与储备的过程。

三、大小

"大与小"对于孩子来说是非常容易明白的概念。父亲是大的，孩子是小的；大象是大的，蚂蚁是小的……在生活中可以举出很多关于"大与小"的例子。

孩子是从几岁开始能区别"大与小"的呢？是从 2 岁半左右开始的，知道圆的大小、零食点心的大小。若是让孩子从大点心和小点心中选的话，肯定会选大的那个。

四、数字

为了能培养出对数字很敏感的孩子，父母要尽可能从很早的时候就开始让孩子意识到生活中的数字，让他们亲近数字，这是很重要的。比如，在吃饭的时候，让孩子注意到父母的碗和自己的碗，加起来一共有三个碗；而筷子则是一人两根。

在孩子洗澡的时候，告诉他们身体各部分的数量，如两只眼睛、一个鼻子、一张嘴、两只耳朵、五根手指……

在和孩子外出的时候，让他们注意到楼梯有多少级、停放在车棚的自行车有多少辆……若是像这样一直让孩子在生活中注意到各种数字的话，会让他们具备对数字的敏感度。

让数字在每天日常生活中显现出来吧！

五、量的程度

量的程度是指明白"多的""少的""一半""再稍微""更"等意思。在向杯子注入牛奶和果汁时，对孩子说"哪一个杯子现在倒入的更多了""倒到一半""再稍倒一些"等，可以使其在日常生活中自然而然地记住量的程度。

若是孩子岁数足够大的话，在带他们去买东西的时候，告诉他们"200 克的肉"指多少重量的肉，或"1 升的水"

是指多少的水，等等，这样能使孩子具备很好的算术潜质，有助于他们上小学之后的数学学习。

六、空间认知

空间认知指的是"上下、前后、左右、内外、远近等"有关空间的概念。请通过桌子的上下、手的左右、箱子的内外、投出去球的远近等具体事例来教给孩子空间认知，这样更容易理解。

若是难以分清左右的话，可以试试以下方法，告诉孩子"吃饭时，拿着筷子的手是右（左）"，或者"握手的那只手是右"等。通过这些具体的例子教孩子，也是很好的。

七、比较

"比……大""比……小""比……多""比……少"，这些属于比较。

要教会孩子"将两个事物进行对比就是比较"。拿出两支铅笔，对孩子说"这支铅笔要比那支长"，通过这种方式将哪支是长的哪支是短的教给孩子。

在让孩子学会比较的时候，要尽可能多地教会他们反义词，如热和冷、快和慢、甜和苦等，这是非常好的学习方法，因为反义词是进行比较时意义相反的词语。

八、顺序

顺序除了有"第一""第二""第三""开头""最后"以外，还有"从左开始第二个""从右开始第三个""从上往下数第四层""最下面""最上面那层右起第五个"等。另外，也有将大小和长短加上顺序，如"第三个大""第二个长"等。要让孩子明白所有这些顺序。

九、时间

时间概念有"今天、明天、昨天、现在、刚才、1 点、3 点、上午、下午、早上、白天、夜晚、一周、这周、下周、上周、今年、明年、去年"等。

对时间的理解特别重要。"现在几点""差 10 分钟""等5 分钟"……若是不知道这些基本的时间概念的话，会给生活带来很多困扰。

有一些 5 岁的孩子不知道"现在几点"，不知道"差 5 分钟"这些时间概念。一问，才知道原来在他们家里没有用长针和短针表示时间的机械钟，只有用数字显示时间的电子钟，所以没有在生活中看钟表学习的机会。

为了能培养对数字敏感的孩子，需要从很早开始在日常生活中让他们注意到钟表，并学会如何读时刻。

要想培养具有良好时间观念的孩子，最重要的是让他们具备良好的生活节奏。为此，要预先安排好孩子吃饭的时间、散步的时间、读图画书的时间和就寝的时间，然后使之常规化，这非常重要。这样一来，孩子会带着迫不及待的心情，期待那些时间的到来。

若是在事先安排好做练习册的时间，一旦时间到了就会很迅速地自己准备好学习了。若孩子养成了学习的习惯，即便父母不督促，他们也能主动地想要去做。

若是孩子生活不规律，就比较难培养出他们的时间观念。

十、钱

当孩子三四岁的时候，应该开始接触"钱"这一概念了。

可以通过"扮演店主"的模拟游戏来让孩子掌握钱的概念。另外，在超市买东西或买汽车和电车车票的时候，可以让孩子在实际生活体验中接触钱。

5个1元是5元，10个1元就是10元，2个5元也是10元，5个10元是50元，10个10元就是100元……用玩具钱币一边玩"扮演店主"的游戏，一边教会孩子基本的金钱知识。

幼儿时期没有这种体验的孩子在上学之后，当遇到关于钱的算术题时，会对所问的问题一头雾水。

在幼儿时期，让孩子牢牢掌握以上这10个基础知识是非常重要的。而这些是父母应该在每天生活中让孩子自然而然记住的内容。

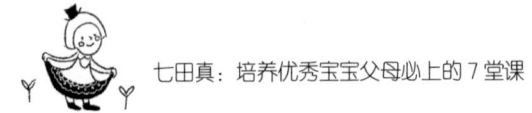

幼儿学习英语比大孩子更容易

我们来思考一下让幼儿学习英语的理由吧。

幼儿是学习语言的天才，有特殊的脑功能来记住语言。当一家人移居国外时，最早学会当地语言的可能会是幼儿。孩子年龄越小，就越容易掌握语言。为什么幼儿会有那样的力量呢？那是因为 0 岁到 6 岁孩子的脑功能和超过 6 岁孩子的脑功能完全不一样。

法国语言学家保罗·肖沙德在对殖民地的很多原住民进行观察与调查之后，基于事实给出了这样的结论："5 岁以前移民到法国定居的原住民掌握了熟练运用纯正法语的能力，获得了和法国人完全一样的、享受同等文化的能力。但是，如果 6 岁以后再移居法国的话，就很难顺利地学习法语，很难适应法国的文化生活。"

除了保罗·肖沙德，还有一位美国语言学家利奥波特对会说双语的孩子进行了长达 10 年的反复研究，并在此期间出版了 4 本有关双语人才的研究著作。他说："虽然超过 10 岁再学习外语也不是不可能，但难以收获好的效果，因为这违反生理规律。"

如同这些学者的研究表明的那样，很明显，语言的学习期是 0 岁到 6 岁。在这一时期，孩子的大脑中有一种独特的学习语言的功能。

0 岁到 6 岁孩子的大脑是右脑优先发挥作用，而右脑主管学习语言。父母要了解在学习语言方面，左脑和右脑的功能差异。

右脑和左脑的功能有什么区别呢？在左脑中发挥作用的能力回路和在右脑中发挥作用的能力回路，是完全相反的。

左脑是一台以低速节奏在运转的电脑，由自我意识操作着，它需要一点点、仔细地理解和记忆。左脑就是这样慢慢地通过局部理解发展到整体理解来进行认知的。

与此相反，右脑是一台以高速节奏在运转的电脑，由潜意识操作着，它不需要理解、记忆，而是快速、大量地将信息输入，然后潜意识马上在那些信息之间找到法则，开始自由地操纵信息。其认知的方式是，首先理解整体，然后转向局部。这样的认识方式被称作模式认识。

左脑与右脑的差异导致了学习语言的难易差别。对于左脑而言，不论哪一种语言都过于复杂，尽管学习多年，但要想完全掌握是非常困难的。但是，对于右脑而言，不存在什么过于复杂的语言。不论哪个国家的幼儿能在其出生一两年之内就完全学会所在国家的语言，这一事实便是对右脑能力的有力证明。

所有幼儿都是用右脑的特殊语言学习能力在出生后一两年内，将所在国家的语言完全熟练掌握。但是，大人已经没有那种能力了，因为他们是在用左脑学习，所以学习语言变为一件非常困难的事情。

为孩子创造能提高其听懂声音能力的环境

　　语言的学习还涉及声音的问题。日本人学习语言很吃力的最大原因，实际上是声音的问题。所有刚刚出生的婴儿都具有分辨频率在 16 赫兹到 16000 赫兹之间的声音的能力。

　　日语是频率分布在 125 赫兹到 1500 赫兹范围内的语言。相对于此，英式英语的频率分布在 2000 赫兹到 12000 赫兹范围内，而美式英语的频率分布在 800 赫兹到 3200 赫兹范围内。

　　刚刚出生的婴儿虽然具有听懂所有这些范围内声音的能力，但是他们无法听懂在其生长发育环境中不存在的声音。众所周知，人类具有绝对音感的能力，如果在孩子 0 岁到 6 岁之间，进行听懂声音的练习，就会掌握这种能力。

　　语言的学习也等同于绝对音感的学习，因为语言也是一种声音。从 0 岁到 6 岁是绝对音感的最佳学习时期。

若是过了 6 岁，因为违反了生理规律，学习起来会变得困难。语言的学习是生理性的听力问题，理解这一点很重要。

而且，人类的大脑是通过电流性的作用在运转。这种电流性的作用可以通过测量脑电波的机器设备，以一种脑电波的形式看到。脑电波分为四种，分别是"β波、α波、θ波、δ波"。0 岁到 6 岁孩子的大脑容易出现 α 波和 θ 波，而大人通常是以 β 波让大脑运转的。

β 波是一种不适合学习的脑电波，在以自我意识运转大脑的时候，大多数都是这种脑电波在发挥作用。所以，处在这种脑电波的时候，记忆变得很困扰，而且是以自我意识操纵信息，因此其操控能力非常低。

若是 α 波在起作用的话，即便用同样的时间学习同样的东西，不需特别费工夫，就能很轻松地记住。若是 θ 波在起作用的话，那就更轻松了，当 θ 波在信息中找到法则时，潜意识就会自由地处理输入的信息。幼儿正是因为适合于学习的 α 波和 θ 波在大脑里起作用，所以学习能力和大人是完全不一样的。

　　学习语言的真正关键不在于是否努力，而在于婴儿出生后的环境一直说的是什么语言，以及婴儿是否听着那种语言长大，这些才是关键问题。

无意识地听也会潜意识地记住

一直以来，大家都认为语言学习是通过对话进行的，但事实并非如此。即便不进行对话，如果每天都让孩子获取语言信息，也会培养出他们的语言能力。

你可能会问这是什么意思呢？举个例子，即便父母都不懂英语，但是若每天让刚出生的婴儿听 15 分钟的磁带或 CD，一直坚持下去，当孩子 3 岁时，已经会说双语了。

如果父母都不懂英语，那么在他们家里应该没有英语对话。尽管如此，却培养出了会说双语的孩子，这是因为语言的输入培养了语言能力。对话不是输入，而是输出。

为了将语言学习的优良沃土、语言才能的萌芽吸收进大脑中的配线系统，孩子最迟到五六岁的时候必须要学习外语。因此，幼儿园时期特别重要。等上了小学以后，孩子很难掌握好外语发音的微妙差异。在孩子四五岁的时候，可以提前让孩子每天听外语磁带或 CD，即便孩子是无意识地听，也将会在潜意识中逐渐掌握。

如果等到小学五、六年级再开始这么做，孩子的语言学习才能几乎很难绽放出美丽的花朵来，这时，无论如何，孩子说外语时都会带有日本人特有的口音。孩子的年龄超过 6 岁越多，就越是如此。

即便在幼儿园的时候让孩子学习英语，但如果以后没有继续的话，也不会有效果，很多人都这么认为，然后眼睁睁地让最重要的幼儿园时期就那么溜走了。其实，之后即便没有继续也没关系，因为在孩子 0 岁到 6 岁，使孩子大脑中的配线系统拥有语言方面的记忆，这才是重要的。

第 3 堂课

培养有创造力的孩子

给孩子讲述成功人士的故事

获得诺贝尔奖的人可以被称为成功人士了吧，因为他们进行着他人未曾做过的研究，而且是怀揣着想要为社会增加新知识的想法从事着研究，并将其实现，再通过所取得的成果获得了奖项。

这些人具有共通之处：他们都不属于标准化、模式化的那类人。而且，他们都具有相信自我的力量和思考的力量。他们和其他成功人士在生存方式上都有以下显而易见的共同点，应该让孩子也学会这些共同点。

1. 志存高远。设定了很高的目标。

2. 不会从利己的角度出发，出发点都是利人的。

3. 积极正面思考。

4. 以感谢的心在生活。

5. 直觉力很出色。

6. 有想要创造新事物的变革意识。

为了让孩子学会这些，给他们读传记是最好的方式。

孩子在知道成功故事后,会学习如何思考和生活才是最好的。

比如,给孩子读下面的这个故事。

美国记者爱德华·伯克的故事

爱德华·伯克是在小的时候和家人一起从荷兰移居美国的。最初,因为语言不通,所以他在学校不知道学的是什么。但是后来渐渐地可以掌握语言了。

他因为家里很贫穷,所以只接受了小学六年的教育。

在伯克 12 岁时,有一次他在从学校回家的路上,饿着肚子路过一家面包店,他把脸紧贴在面包店的窗户上,一直望着看起来很好吃的点心。

店主人见状出来,问:"怎么样?看起来很好吃吧?"伯克说:"如果窗户擦得很干净、透亮的话,看起来会更好吃。"

店主人吃了一惊,说:"是的,就像你说的。既然如此,你来给我擦窗户,怎么样?"

伯克很高兴地擦起窗户。因为擦得很仔细、闪亮亮的,所以店主人很满意,说:"你要是每天来给我擦的话,我

1 周给你 50 美分。"这对于伯克来说，是他第一份挣钱的工作。

从此之后，伯克做过很多份工作：派送报纸；卖冰水给马车上的乘客；晚上撰写小型集会上的新闻，然后投稿给报社。就这样，他 1 周能挣到 20 美元。

现在回过头来，继续说他少年时候的事情。

在 13 岁时，他成为了西联电话公司的服务生。他节省下电车车票钱，也不吃午饭，攒钱买了《美国名人录》，联系名人，搜集他们在少年时代的故事。

他首先给加菲尔德准将（南北战争的北军准将）写了一封信，询问将军在幼年时是否真的做过纤夫。

接下来，他又给格兰特将军（南北战争的北军将军）写了一封信，询问他是如何赢得战争的。将军找到伯克，并在家里接待了他，和他进行了一番详谈。

这样一来，他认识了当时各领域的名人，如林肯夫人、作家奥尔科特女士（《小妇人》的作者）、杰斐逊总统等。

他学习这些名人的人生观，拥有了自己生活下去的自信，并且怀揣着伟大的理想。

有一天，他在街上看到有一位绅士打开香烟盒后，毫不犹豫地将里面装着的赠品照片扔掉。伯克捡起来一看，是某位著名政治家的照片。但是，照片上什么都没写。他当时想，若是在这张照片上写一点小传记的话，这张照片或许就不会被丢掉，而是会被好好收藏吧。

于是，他把这个主意告诉一直在出版照片的公司老板。就这样，他每写一位名人的百字传记，就能获得 10 美元稿酬。

以此为契机，他开始涉足出版业，最终发行了拥有世界最大发行量的女性杂志。

最后，他获得了每月 100 万美元以上的收入，但是这些钱被他广泛用于使社会变得更好的事情上。

让孩子通过旅行开阔视野

为了让孩子拥有更广阔的视野，应该让他们去旅行。

日本人的交流能力很弱，目前的状况是即便乘坐新干线也不会和身边同乘的人说话，邻里之间也不会相互聊天。

然而，我们一旦到了国外，能体验到人与人之间丰富的心灵碰撞和交流，比如在街上即使遇到陌生人，也会笑脸相迎、微笑打招呼。

若是一个人旅行，由于预算有限，很多事情只能将就，所以自然而然地就会锻炼人，比如懂得了人情世故，明白和他人相互接触的重要性……让孩子去旅行也会有这些收获。

旅行不仅能培养孩子的心灵，还能开阔他们的视野。

让孩子拥有广阔的视野非常重要。

日本人一直都生活在非常狭隘的视野中，日常接触的大多是家人和亲属之间的事情，最多也不过就是和邻里之间的交往，很少会去关心国家、民族和世界的事情。而从时间维度来看，我们也仅仅是考虑孩子眼前的事情，不会去考虑孩子的将来。

所以，如果让孩子去旅行，他们的视野会变得广阔，会用看待世界的目光来看待日本，进而对自己的国家会充满了爱。

另外，培养孩子对历史的兴趣对其拥有大视野也很重要。俗话说得好，历史是在不断重复的，人们可以以史为鉴。

可以从历史人物那里学到成功的模式和失败的教训，以作为自己的参考。怀揣着伟大的理想，尽管会被周围的人嘲笑，但是可以学会为了实现理想而前行的实践力和洞察力。

可以从历史中学会荣极必衰的道理，学习居安思危、摆脱危机的智慧。

实际上，优秀的领导者经常以史为鉴，否则，日本将不会幸存下去。学习历史能开阔视野，看到国家应有的姿态。

如果想要让孩子将来也具有广阔的视野、拥有理想，就要预先培养他们对历史的兴趣。

培养孩子主动做事的意识

　　1950 年，在千叶县有一所由越川春树担任校长的、名为南条中学的初中。这所学校拥有 1500 名学生、60 名教职员工，是千叶县第一大规模的学校，也曾经是一所问题学校。但是在越川校长来到这里实践人性化教育之后，学校的面貌焕然一新，变成了一所没有出现一名不良少年、物品不曾丢失、在棒球选拔大赛上获得冠军的模范学校。

　　越川校长将古典思想融入教育中，他认为在教授知识之前，更为重要的是要教给学生作为人应该如何活着的道理。

　　在每周的早会上，越川校长会引用孔子《论语》和佐藤一斋《言志录》里的话，对学生们进行晨会讲话，他说道："教育中最重要的不是灌输知识，而是要唤起'愤'之心。"

　　在本书第 2 堂课中也曾提到，所谓"愤"是下定决心、唤醒内心的意思，让人拥有想要去做的动机。

"愤"的重要性可以通过《言志录》中的一段话来体现："愤之一字，求学前行之动力。何谓'舜何人也，予何人也'，方为愤也。"这段话的意思是："发愤是做学问时最重要的动力。孔子的大弟子颜渊说：'舜（中国古代被称作理想帝王的圣人）和我不都同样是人吗？若是立下想要成为舜那样的人的志向，那么自己就能够成为像舜那样的人。'他所说的正是发愤。"

越川校长对古典文学有很深的造诣，精通《论语》和《言志录》，因此能很出色地进行人性化教育的指导工作。

所谓"愤"，就是让孩子内心中涌出"想要自己去做"的想法。擅长教育孩子的父母一般都会很擅长让孩子内心中生出"愤"之心。

在教育中最为重要的是培养"愤"之心。

与其让孩子去"做好"一件事，不如让孩子拥有"我要做好"的想法，然后主动去学习，这才是最重要的。

然而，父母却没怎么考虑过这些，而是经常对孩子这么说："今天开始，去这个教室学写字，去那个教室学英语、

学音乐。"这时，孩子会一边想"为什么必须要做这些事情呢"，一边厌烦要去全力以赴地做，因为并非是他们自己想要做并且一直在做的事情，他们觉得不好玩，于是会说"不想做"。这时，父母若是对孩子说"你必须去做"，是不可能引导出孩子的才能的。

不是"特训"而是"帮助"

父亲要积极地发展孩子的个性。你知道职业棒球选手铃木一朗是如何培养出来的吗？职业高尔夫球选手泰格·伍兹又是如何培养出来的呢？

培养一朗和泰格·伍兹个性的是他们的父亲。

一朗的父亲和泰格·伍兹的父亲绝不会用"今天开始要进行棒球的击球训练啊，要打高尔夫球啊"这样的教育方法。

很多父母为了能培养出优秀的孩子，在孩子很小的时候就对他们进行特训，不管孩子愿意与否，都一直以特训的方式培养他们。但这种培养方式并不妥当。

泰格·伍兹的父亲用车库建了一处用于高尔夫训练的场所，周日他自己在那里进行挥杆练习，将球打得咕噜咕噜滚动着进入洞里，并让伍兹在旁边一直看着。伍兹看到父亲练习得这么陶醉，于是跑过去说："让我也打一下。"但是，他父亲却说："你现在打还太早了。"让他再忍耐

111

一下，继续让他看自己是如何专心致志、开心地挥杆。当伍兹实在觉得光在旁边看着很无聊时，他说："无论如何，都要让我打一下试试。"伍兹的父亲回答道："那么想打吗？若是的话，那我教你吧。"就这样，父亲让伍兹产生了非常想学高尔夫球的念头。

那么，一朗的父亲又是如何培养一朗兴趣的呢？在去击球中心的时候，他总是带着一朗一起去。然后，日复一日地不断让一朗看自己击球训练。每次去，都不让一朗击球，而是让他看着自己开心击球的样子。最后，一朗自己终于说："让我也打一下吧。"父亲回答说："那么想击球吗？那好吧，你来试一下。"同意了一朗去击球。

从这两位父亲教育孩子的事例中，我们可以知道，首先要让孩子产生自己想要去做的念头（"愤"之心），帮助孩子凭借自己的努力来做。如此看来，父母与其生硬地教授给孩子知识，还不如让孩子通过自己的意识来培养自己的个性。

要提防会扼杀个性萌芽的 "水平教育"

虽然正是因为孩子有 "要自己做" 的想法，才能培育出才能，但是父母若根据自己的意愿和情况，从周一到周六订好计划让孩子去学习，即便孩子去学了，但他们无法产生真正的兴趣。最后，很有可能让钱都打水漂了。

一位母亲曾说："我就是被教育妈妈和教育爸爸培养出来的，在我小时候，从周一到周六一直都在学习。所以，我不论哪一科的成绩全都是第一，但是在步入社会之后，那些学到的知识却什么用也没有。不知怎么的，只有自尊心变得越来越强，觉得自己什么都能比其他人做得更好。进入社会后，我会把周围的人都看低了，觉得自己在学校的成绩很好，所以，对人际交往感到很困惑。现在回想，那样的幼儿教育和学校教育是不适合孩子身心健康发展的，我不认同曾接受的教育。"

这位母亲所接受的教育叫作 "水平教育"，是不应该被实践的教育。"大家基本上都是那么预先替孩子安排好

的，孩子应该能从中培养出才能吧"，因为持有这样的想法，父母就会认为自己所做的一切是为了孩子着想。但是，这样做是无法让孩子找到任何兴趣的。

所以，不要使用这样的方法，应该让孩子自己找出想要学习的东西，然后让他们去学。这样的话，孩子的才能才可以得到培养。

社会所需要的不是事事都能做的多面手，而是具有特殊性的人才，即在某一领域出类拔萃的人才。所以，父母必须注意，不要让孩子这个也学那个也学，以避免因为学得太杂而毁了孩子的个性。

创造性需要建立在基础学习上

教育最重要的是引导孩子的创造性。

但是若过于重视"思考""学习""创造"这样的教育，而忽视了"读""写""计算"等基础学习能力的培养，也是极为危险的。

由于过于急迫地想引导孩子的创造性，而懈怠了对"读""写""计算"等基础学习能力的话，就会导致出现大量不具备基础学习能力的学生，这和教育人士的希望是背道而驰的，而且这也与日本企业和经济陷入危机有着广泛联系。

关于这一点，美国已有前车之鉴。美国就是按照以上方式推行教育的，从而导致孩子的学习能力低下。

在学习"能❶"时，需要学习"修""破""离"，这被认为是学习学问的三步骤。

在"修"的阶段，学习的是外在形式；到了"破"的

---

❶ 即能剧，日本最传统的戏剧艺术之一。——译注

115

阶段，就要稍微离开师傅的指导；而到了"离"的阶段，则要进行新的创造从而设立一派。学习武道、书法等学问，亦同理。在学习外在形式的阶段，是无法形成创造性的。

创造性也好，优秀的发明和发现也好，这些都是对储存在大脑中的知识进行带有创造性的重新组合而已，除此之外别无其他。

所谓的创造性是建立在广博的知识基础之上的。

说到极富创造性的人，恐怕当属发明家了。但是，发明家所寻求的创造工学是有基础的，那就是"创造是发表与知识存储量呈比例的、好的提议"。

发明学会前会长丰泽丰雄先生说："创造工学的基础就是量、量、量，提出好的想法是与量成正比的。"他还加上了一句："若是你想在发明领域有所建树的话，得知道前人是用什么样的方法进行发明的，要了解大量的具体事例。"

因不断创作出优秀歌曲而被大家所熟知的佐藤八郎❶

---

❶ 日本诗人、童谣词作家、作家。——译注

先生曾被问了这么一个问题："先生写的词句非常美，您为什么能一直创作出如此好的词句来呢？"他回答道："那是因为我知道很多的诗，大概有 50000 首吧，现在马上就能默背出来的诗大概有 5000 首吧。因为这些诗全都装在我的脑中，所以在我创作歌曲的时候，能提供给我灵感，让我能写出好的词句来。不然，我是写不出好诗来的。"

　　优秀创造性的基础在于，吸收了尽可能多的信息的优秀记忆能力正在发挥作用。通过前文提到的这些名人访谈，大家应该更能理解这一点了吧。

孩子要学会主动思考

小学之后的教育不应只是教授知识的教育。若是那样的话，只能培养出愚钝的头脑，无法培养出精巧的创意。

当孩子上了小学，让我们投入更多的精力来培养真正的学习能力吧！所谓真正的学习能力是指学会考虑"为什么"，并能自己找到答案的能力。若是只想知道答案而关心如何找到答案，那是不行的，对于孩子而言，重要的是要学到应用能力和处理问题的能力。然而，在具有这些能力的大学毕业生中，如今的教育所起的作用只占两成而已。

养成自己学习的态度是从带着疑问开始的。没有疑问的孩子是不会有发现的，自己去发现的学习会带给孩子学习的乐趣。

让孩子在学习时体验到这种通过自己的力量将自己的疑问解答出来并理解透彻的乐趣吧。

日本人为什么被认为缺乏创造性呢？这是因为现在孩

子的学习态度正在变成只要硬性灌输知识就可以了，以及采用了以应试学习为主的、只使用左脑的学习方法。

在幼儿时期的学习方式，不要求孩子要明白其中的道理，只要默背就可以了。所以，那段时期很好，因为能培养右脑的学习方法。然而，在上学之后，幼儿时期的学习方式就不适用了，孩子被要求要明白道理并考虑道理的缘由，这样的训练很重要。

为了能培养出具有独立思考能力、富于创造性的孩子来，培养他们对阅读的兴趣是根本。

小学低年级时期的阅读量是决定孩子智力能否得到良好发育成长的关键。阅读量越大，越能培养出优秀的思考能力和丰富的创造性。如果阅读量不大的话，再进行思考就不太有灵感，也无法迸发出丰富的创造性。

趁着在小学低年级期间，让孩子养成每天读书和看小学生报纸、图鉴等的习惯吧，能使孩子更具理性、社会性。到了小学四年级，孩子就能读懂大人的报纸了。

因此，孩子一入学就让他们看汉字辞典吧。我推荐《NEW 汉字字典》（Froebel 馆出版），这本字典中收录

了小学阶段将要学习到的所有汉字。看完这本，还可以让孩子看 Benesse Corporation❶ 出版的《挑战小学国语词典》吧！这本书收录了 25000 条词语。

就通过这样的方法培养孩子的汉语能力吧！

❶ 日本最大的教育集团公司。——译注

培养表达能力的汉语训练

所有学习能力的基础是汉语能力。若培养了阅读能力、汉语能力、表达能力，孩子就能培养出可以在小学四年级的时候读懂相当于大学水平的图书的能力。

那么，如何培养表达能力呢？最重要的是训练写作能力。为了能掌握出色的汉语能力，必须要有对概念的总结能力和理解抽象世界的能力。如果只凭借日常会话，是无法掌握的。

若是没有通过读书、写作这些对文字的运用来掌握语言训练的话，是无法拥有出色的汉语能力的。归国子女在回到日本之后，之所以会为没有良好的汉语能力而感到苦恼，就是因为他们一直都欠缺通过文字来理解语言的训练。

那么，若是具备了汉语的知识，阅读能力是不是就足够了呢？不是的，还需要学习很多的东西，比如在文章中如何运用文字？文字有什么样的使用方法？也就是说，在

121

写作训练的过程中，培养高度概念运用能力和对抽象世界的理解能力。

如此一来，阅读理解能力和认知能力得到了磨炼，思考能力和表达能力也得到了发展。在不遗余力地将这四种能力磨炼至完美时，小学生甚至能培养出熟练阅读大学水平的专业图书的能力。

文字和创造性是相关联的。创造性是用手将头脑中想到的事情表达出来，实际上是培养表达能力。将存在于自己内心中的东西诉诸文字并展现给外界，通过这样的处理，灵感变成了具有创造性的思考。

现在，将心中所想的事情、灵机一动获得的想法、在一瞬间清晰感觉到的事情表现出来，展现给外界并与行为相联。如此，能锻炼出创造性。

即便在头脑中储存了大量的意识和信息，也不一定就能生出好主意来，还需要有灵感。为了能成为具有创造性的人，必须要能通过灵感来产生想法。

如果让孩子通过手来表现，做到手脑并用的话，大脑中配线系统的代码就能被连接起来，大脑的功能

也能被激活，因为手是和大脑联动的。这是大脑生理
学的解释。

　　这将意识和身体一体化了。若是没能达到这一程度，
是无法培养出创造性的，只是单纯有某个想法而已。

第 **4** 堂课

培养有忍耐力的孩子

心灵的培养会使智力得到发展

当前的教育往往将追求知识、培养学习能力视为重要内容，但却把教育的另一个侧面——对心灵的培养忽视了。然而，寻求地位、财富、名誉不是教育的目的，学习学问、修身养性、作为人正确地活着、将所学到的东西用于对社会有所帮助的地方，这些才是教育的真正目的。

我们在考虑作为人应该如何活着、不断地反省自我的同时，稳步走在作为一个人的道路上，这才是正途。

作为人活下去最为重要的品质便是德。

所谓的德是指为他人着想而后有所作为。德即人性。

作为人需要具备四个很重要的要素，分别是道德品行、智力、技能、习惯。

所谓道德品行是指丰富的心灵作用，要有开朗而清澈的心灵，会关爱他人，乐于帮助他人，为他人尽心尽力，懂得知恩、感恩、报恩，并且正直、勇敢、忍耐。这些是人类本质性的要素。

若考虑到道德品行不好的一面，应该就会知道由无德之人所构成的社会会变成什么样子了吧。无德之人的形象将会是这样的：郁结而阴暗，浑浊污秽不堪，没有爱人之心，不想去帮助他人，没有为他人尽心尽力之心。如果社会上到处都充斥着这种人的话，社会将变成什么样呢？

如此一思考，便会知道德是多么重要了。德正是人性本身的表现。

正因为有了德行，才能走在正确的道路上。为了能走正道，致力于有德行的生活非常重要。让我们将这些道理明明白白地告诉孩子吧，那将是令人称赞的育儿之道。

对心灵的培养有两项重要的判断标准。

第一，可以抑制住自己的任性、控制自己的感情。迅速断绝关系是心灵一直都没有得到培养的标志。培养出任性孩子的原因是错误的育儿方式——将孩子所做的事情全都认为是好的，用和孩子一样的眼光来看待问题，想要把孩子所说的话奉为圣旨。若是这样去培养孩子的话，那么孩子的心灵将不会正常地发育成长。

第二，要会体谅人，对人温和，富有同情心。

若是能具备这两点，那么孩子的心灵将会得到很好的培育。

所谓心灵已经得到培育的状态是指，对人富有同情心，具有控制自我感情、遵守规则的能力。

现在，大家经常会说重要的不是智商教育，而是情商教育。所谓智商教育是指提高智力能力的教育，而情商教育（心灵教育）是指培养孩子能够控制自我的感情，能够与人为善、有同情心的教育。

若是以智商为中心，将会培养出即便具备了学习能力，但心灵却没有得到良好发展的孩子。但是，若是以重视心灵的情商教育为中心来培养孩子，智商也能得到很好的发展。所以，让我们首先来考虑对孩子心灵的培养吧！

心灵得到培养的具体表现为：第一，心灵干净清澈，不会憎恨、欺骗他人，不会抱有污秽不堪的想法，拥有温柔的心灵；第二，能够开朗地和人寒暄，将"早上好""你好"等发自内心地、自然而然地说出来；第三，能够乖巧地说出"是"来回应别人……

如果心灵能达到"干净清澈""开朗""乖巧"的程度，就表明心灵已经处于培养状态了。在教育中最为重要的是，剔除以自我为中心的思想，也就是说，不能培养"任性"。

不能对孩子有求必应

　　德育的基础是培养忍耐力、意志力和感恩的心灵。可以通过早睡早起来培养忍耐力和意志力。孩子若是没有学会区分善恶和自制的话，就会还是本来的样子——任性。抑制任性、进行自制的能力便是意志力，它通过培养忍耐力而获得成长。

　　如果父母对孩子有求必应，这不是在培养孩子，而是一种姑息之爱或舐犊之爱（母牛舔着牛犊进行养育的爱）。

　　姑息之爱和临时起意的"慈爱"很相似，在这个过程中，孩子会按照自己的想法来成长，有可能成长为无才无德的人。父母没有给予孩子正确的爱，还将其诱导到歧途上。培养孩子最为重要的是教给孩子生活于世的人之道，教会他们活着要有道德品行。

　　所有日本古典的教育类图书都揭示了教给孩子忍耐的重要性。教育首先需要着眼的是这两方面：剔除掉孩子以自我为中心的想法和培养孩子为对方着想的心灵。

　　关于如何培养"忍耐之心"，裴斯泰洛齐在《葛笃德如何教育她的子女》中进行了如下论述。

　　自然界会让暴躁的孩子领悟到：面对自然，无论你怎么暴躁，都是徒劳无功的。孩子敲击树木和石头，自然界却岿然不动。于是，孩子会停止对树木和石头的敲打。

　　接下来，母亲对于孩子随心所欲想要的欲望坚决不予回应。孩子会暴躁、会哭喊。如果母亲对这些也丝毫不为所动的话，孩子就会停止哭喊。这样孩子就能够渐渐地让自己的意志顺从于母亲的意志。忍耐的最初萌芽就是被这样培育出来的。

　　若是知道如何忍耐，就能培养出忍耐的意志力。在此基础上，再加上感恩之心的话，就构成了孩子的德育基础内容。

　　为了能教会孩子感恩，父母要以身作则，对所有的一切说"谢谢"，展现出感恩的姿态来。通过这些，孩子自然而然地就学会如何感恩了。

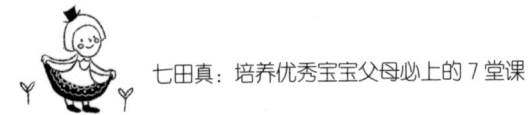

浅谈"爱""严格""信赖"

培养孩子有三种"神器"，分别是"爱""严格"和"信赖"，这些是需要父母来尝试的。若是父母了解这三项内容，并且一直进行实践的话，就能顺利地培养出身心健康的孩子，孩子长大成人后不会步入歧途。

那我们就来谈谈这三种"神器"吧！

一、爱

在培养孩子的过程中，最重要的是将父母的爱传达给孩子。请不要认为对这种事情已经了解得很透彻了。其实，很多父母的爱一直都没能很好地传达给孩子，所以孩子才会变得很异常。

若是在培养孩子的过程中感到有棘手的问题，那一般意味着父母的爱没有传达给孩子。希望大家能明白"孩子的问题行为是正在寻求父母的爱的标志"。若是父母将自己的爱传达给了孩子，不论什么样的孩子都会将紧闭的心门再度敞开。

二、严格

若是将爱传达给了孩子，他们就会很乖地听父母的话。若是先对孩子很严格，然后再让他们感受到爱，那么培养孩子的教育比较难以顺利进行。

在这里，希望各位能记住这样一句话："肯定能带来肯定，否定则会带来否定。"

先表扬孩子两三句，表现出父母的爱，然后再将孩子应该改正的地方告诉他们，如果能这样做的话，孩子能够很容易、很听话地接受，并改正自己的行为。但是，若是先对孩子劈头盖脸地说："你这样不行啊。要是改正这个错误的话，你就会得到认可。"从否定开始，把顺序颠倒了，只能引发孩子"反正都不行了，所以也用不着去改正"的负面反应。

在家庭中，必须要有规则。所以最好能在家庭中制订出家庭规则并遵循它。比如，早上起来之后，必须要问候；要将所有的鞋都规矩地摆放好；打开的窗户必须要关好，等等。如果违反了规则，只要约定好"今后要注意"就可以了。

若是制订好了规则，孩子会知道自己被提醒注意或者被批评的原因了。但如果明明都没有制订好规则，父母却单方面一味地从自己的立场来训斥孩子，孩子会无法心甘情愿地接受那些斥责。

要在孩子很小的时候让他们认识到在家里的规则中，一家之主是父亲。这是非常重要的。

如果完全放手让孩子去做他们想做的事情，而使父母沦于奴仆的地位、孩子成为自己的上司的话，就难以维持家庭秩序了。

因此，必须让孩子意识到当自己做错事情的时候，父母会很严厉地批评他们。

三、信赖

父母必须用信赖的目光来看待孩子，无论孩子犯了什么错误，都不要抛弃他们。

孩子已经发育成长的状态意味着父母已经对其进行教

育培养了。孩子发育成长的好坏主要取决于父母。

　　如果孩子成长得不好，比如走上犯罪道路，父母经常会推卸责任说："不记得当初是如何培养孩子了，是孩子自己变坏的。"令人困扰的是，很多父母不认为那是推托之词，而是深信不疑地认为事实就是如此。另外，持"不知道为什么孩子长成了那样"的想法的父母正在逐渐增加，这也会令人困扰。

　　培养孩子的责任在于父母。父母已经对孩子进行了教育培养，但遇到问题时却说"不知道为什么孩子会变成那样"，这是在逃避责任。

　　如果父母都是这样的话，这个国家离灭亡不远了。

　　什么是正确的，什么是不正确的，若是不从孩子小的时候开始对其进行教导的话，就很容易导致孩子步入歧途。塑造孩子性格的是父母，所以，父母要从孩子小的时候开始，在传达爱的同时，也必须严格地将"不可以做的事情就是不能做"的观念传达给孩子。采用这样的方式来培养的话，能在很大程度上避免孩子今后步入歧途。

　　将爱和严格都传达给孩子，然后父母再对他们说一句

135

"一直都很信任你"，孩子就会回应父母的信赖，几乎不会做错事。万一孩子还是做错事了，这时如果能让孩子感受到父母的信赖，孩子能找回迷失的自己，马上改正错误。

曾经有一所中学的一年级学生与一桩团伙盗窃案有牵扯，警察和学校把他们的父亲叫来了，这 11 个孩子被人发现在商店里进行团伙式偷盗犯罪。幸亏他们是初犯，而且也承认了之所以会这么做是为了寻找刺激，想尝试一下令人兴奋的紧张感，最后，事件得到妥善解决。

此时，这 11 个孩子的父亲感到非常迷茫，因为不知应该对这些孩子的行为做出什么样的反应。有些父亲认为，"必须要在家里给予严厉的惩罚""建立监视小组，今后对孩子们的行为进行监视"。

其中有一位父亲曾听过我的讲座，对培养孩子的三种"神器"有所了解。他知道按照三种"神器"的方式，可以解决如何与孩子就此事进行沟通处理。

那位父亲的处理方法如下。

首先，没有突然冲动地对孩子怒吼，而是传达出了父母对他的爱。

"爸爸和妈妈一直都非常爱你哦。"

因为在此之前一直都没有对孩子说过"很爱你"之类的话，所以此时稍微注入了一些勇气。这是解决问题的基础，所以必须从这里开始。若是突然对着孩子怒吼，孩子的心灵就会紧闭起来，后面的沟通会无法进行。

当孩子做好会被狠狠训斥的准备时，突然发现和预想的相反，似乎松了一口气。

这位父亲继续对孩子说道："爸爸和妈妈认为已经对你进行了严格的教育和培养，所以你应该会区分什么是好事什么是坏事。然而这次，你认为是做了好事，还是做了坏事呢？"

孩子回答说："我认为是做了坏事。"

"在进行盗窃之前，你没有考虑到盗窃是坏事吗？"

"在心里的某一处是那么认为的。"

"既然认为是坏事，那为什么还做呢？"

"因为大家都想尝试一下令人兴奋的紧张感。"

"那尝到令人兴奋的紧张感了吗？"

"尝到了，但是已经不想再做了。"

137

"是吗？已经不想再做了吗？那么，现在你认为必须要做些什么呢？"

"我觉得必须要进行反省。"

"只是反省吗？对于你给店主人造成的麻烦，你打算做些什么？"

"我觉得必须要去道歉。"

"对，这才是一个堂堂正正的人应该做的事情。你是自己去道歉呢，还是希望爸爸陪你去呢？"

这位父亲认为，若是只让孩子自己去道歉的话，那样不算是真正解决问题了。越是这种时候，越不能敷衍了事，需要父亲也一起去给店主低头认错。

结果，父亲陪着孩子一起去给店主道歉了。

最后，这位父亲说了如下的话。

"爸爸和妈妈一直都很信任你，相信你不会再做这种事了吧。"后来，这个孩子彻底改正了错误。这位父亲没有冲动地怒吼、殴打孩子，而是用爱来对待孩子。而孩子此时因为从父亲那里得到了爱和信赖，所以不会再做让父母操心的事了。

　　在这里，让我们再来回味一下"肯定带来肯定，否定会带来否定"这句话。

　　父亲如果没有传达出爱，只是严厉处理这件事情，孩子的心灵会如何变化呢？对于不认可、不信赖自己的父亲，会敞开心灵、接受父亲所说的话吗？如果父母传达出了爱、严格和信赖，之前一直做错事的孩子会突然间彻底改正错误。

　　在孩子潜意识里，一直都祈求着想要被父母认可、表扬。当这些愿望被满足时，孩子就会对父母敞开心扉，变成坦诚、老实的孩子。

　　其他的父亲在听了这位父亲经历之后，也竞相效仿这种处理问题的方法，看起来也都松了一口气。

"自由" 不是 "放任"

父母在培养孩子的时候，必须要理解"自由"和"放任"的差异。自由和放任有什么不同呢？

放任会培育出放纵。放纵即随心所欲、任性妄为，不承担责任。即便给别人造成了麻烦，但只要自己获益就认为无所谓。

另一方面，自由是伴随着责任的，自由的基础在于要遵守规则。不允许给别人带来麻烦，自己能自由地做想要做的事情，但必须有判断。而在判断时要带有良心，良心会告诉孩子哪些是不好的事情，从而给出行动指示：因为是不好的事情，所以不可以随心所欲地去做。在这里，决定行为的是意志。

那么，意志是如何发挥作用的呢？意志能对人类发挥作用，但对动物则不然。若是有来自外部的刺激，动物会感知到，然后遵循内部的反应做出行动，比如逃跑、攻击、叼来吃掉，等等。

　　此时，人类会让意志发挥作用。人类若是受到来自外部的刺激，会产生感情和欲望，这和动物是一样的。但是，人类接着会作出判断，这是与其他动物最大的不同。

　　当人类受到刺激时，一方面由于感情和欲望的作用会产生为所欲为的想法；但是，另一方面，从良心的角度出发，会作出不可以那么做的判断。这两方面的因素会在人类心中纠结，所以人类需要有遵从意志，同时抑制随心所欲的勇气。

　　遵从哪一方，自己必须要负责任地作出决定。这便是"自由意志"下的自由。

　　从孩子小的时候开始，父母若是按照不说"不可以"的方针来教育孩子，就无法让这种很强的意志力得到培养。这种任意妄为、随心所欲若嵌入孩子的本性，并且当孩子上小学时父母才注意这一苗头，那时想让孩子改正过来已经太迟了。

爱不等于 "让孩子当皇帝"

2011 年 5 月，佐贺的一名 17 岁少年导致了一起劫车事件的发生。然而，当时之所以会引起当地报纸进行大规模报道，是因为那位少年一直都对他父母说 "你们都是我的奴仆"。

这表明了一种什么样的状况呢？这名少年从小的时候开始，就从来没有被说过 "不可以"，一直在被宠溺的环境中长大，因此就认为父母听自己的话是理所应当的，觉得自己是 "家里的皇帝"。

所以当警察说对他父亲说 "您是他父亲，请您去说服您的孩子吧" 时，他父亲无法出面，"因为平时一直把孩子当做'家里的皇帝，他早已听不进我说的话。事到如今，我就算再出面说他，他应该也不会听的"。

在这一案例里，父母在对孩子的教育中威信全无，彻底失去了对孩子的控制力，完全按照孩子说的去做。这是父母从孩子小的时候开始就宠溺孩子，满足他们各种任性要求的后果。所以，父母要让孩子知道"不可以做的事情就是不可以做"。

从 2000 年开始，文部省（现文部科学省）也希望广大父母能够认识到家庭教育的重要性，为此制作了《家庭教育手册》和《母子健康手册》一并交给已怀孕的准妈妈。

在该宣传册中，写有"对于错误的行为要进行批评""让孩子记住忍耐"等关于培养孩子的基础的、重要的思维方式，还有"不可以按照孩子想要的那样去做""教育的基础是幼儿时期"等内容。

另外，文部省还通过中小学校向有孩子的家庭派发《家庭教育手册》。

这些书不只母亲需要读，父亲也需要读。若是孩子在幼儿时期的教育失败了，长大后就很容易变为无法控制自己情绪的任性的人。

不要去哄正在闹别扭的孩子

之前曾有这样的一种风潮——即便孩子做了不好的事情，父母也会一直保持沉默。但是，直到最近整个社会才终于有了注意到孩子错误行为的氛围。

父母开始对孩子说"不可以做的事情就是不可以做"。然后，即便在批评时揍了孩子，也没有必要谴责自己，感觉做了不好的事情，因为自己做了正确的事情。但是当孩子认真进行反省、接受批评时，父母给孩子一个深情的拥抱并给予表扬，是非常重要的。

然而，在孩子 3 岁之前，如果一直纵容着孩子所做的任何事情，那之后将比较难纠正过来了。

比如，去商店买东西时，孩子会反复要求"给我买那个，给我买这个"，并因此闹别扭。这时，若是拒绝孩子，会使父母比较难堪，所以最后父母不得不给孩子买他想要的东西。一旦开了这个头，孩子就会知道只要反复要求，无论如何父母都会买给自己。所以这是不可以的。

因为父母之前没对孩子说过"不可以做的事情就是不可以做"这种话，所以孩子才会变成家里的"王子殿下""公主殿下"。

在那种情况下，父母即便觉得很难堪，也要特别认真地强调"不可以做的事情就是不可以做"，该批评时就应该批评。然后，孩子若是能忍耐的话，就表扬说"非常好，忍耐住了，很了不起"。

但是，有些父母会拼命地去哄孩子。当孩子处于负面情绪时，比如突然变得闷闷不乐、耍赖、闹别扭，不能去哄他们。如果哄了他们，是错误的教育方法。父母应该无视孩子的无理要求。当孩子状态很好的时候，父母要紧紧抱住他们，将爱传达给他们，表扬他们；而在做错事情时，父母要批评他们，晾他们在一旁，等反省之后，再好好地认可、表扬他们。父母如果这样做了，会收到良好效果，孩子将会成长为不会有欲求不满等情绪的孩子。

总而言之，如果一味迎合孩子的各种要求，会让孩子不知足，一旦要求得不到满足，就会变得欲壑难填。相反，懂得忍耐的孩子会懂得满足，能意识到并很好地抑制住自己的欲望。

跟孩子谈谈 "干净清澈的心灵"

让我们跟孩子谈一下有关心灵的话题吧。我们可以试着问孩子："你觉得心灵是干净的好，还是污秽的好呢？"然后，孩子会回答说："干净清澈的心灵更好。"那么，就让我们告诉孩子，任性的心灵不是干净清澈的心灵。

另外，再问问孩子："只考虑到自己表示心胸很狭隘，心胸是广阔好，还是狭隘好呢？"孩子会回答说："广阔好。"要让孩子知道，对他人怀有恶意、只考虑自己的人的心灵很污秽、很狭隘；相反，当做一些会让他人感到开心的事情时，自己心灵会变得很广阔。让我们这样去教育孩子吧！

心灵是干净的好，还是污秽的好呢？是广阔一些好，还是狭隘一些好呢？这种有关心灵的话题是孩子非常乐意听的。不论哪个孩子，生来都拥有干净而清澈的心灵，在父母谈论心灵话题的引导下，孩子会逐渐懂得应该成为什么样的人。比如，让孩子明白"以自我为中心"这样的心灵是很狭隘、很污秽的，孩子就会知道不能成为这样的人。

也可以这么来引导孩子："这里有个秋千，如果不让给其他一直在排队的人，就自己一人在秋千上荡来荡去，这孩子的心灵是干净的，还是污秽的？是广阔的，还是狭隘的？"通过这种平常的对话来让孩子懂得，不为他人着想的人无法拥有广阔和清澈的心灵。而当孩子自己处于那样的状态时，自然就会明白那是心胸广阔的孩子应该做的事情，还是心灵干净清澈的孩子应该做的事情。

就像这样，让孩子拥有想要让自己的心灵变得干净清澈的想法，他们就会朝着这个方向健康成长。然而，父母很少让孩子考虑过这样的事，所以孩子容易对自己的心灵成长缺少认识。因此，父母务必要跟孩子谈论一下有关心灵的话题，要让孩子明白，"若是做让别人开心的事，自己的心灵就会变得很广阔哦"。同时，也要教会孩子若是做了让家人感到快乐的事情，心灵也会变得广阔而干净。比如，"回家进屋的时候，不但要把自己的鞋子摆放整齐，还要把爷爷奶奶的鞋子也摆放整齐"。若是这样对孩子说，之前一直都没将鞋子摆放整齐的孩子，会改掉这一毛病。

教会孩子"不听话、不能忍耐、不为他人考虑，是心灵狭隘、污秽的表现”，这很重要。

所有孩子都希望能让自己的心灵变得干净清澈、广阔。将孩子心灵填满是培养孩子心灵的关键点。但是，我们不要单纯地认为：只要和孩子谈论有关心灵的话题，孩子的心灵就会得到根本改变，变成好孩子。

孩子因为心灵的话题而有所改变的原因是，父母的爱基本上传达出来了，这能使孩子拥有为他人着想的心灵。相应的，如果父母的爱没有传达出来，孩子则无法拥有为他人着想的心灵，会表现出对他人进行攻击和反抗，并且暴躁易怒。

所以，关键在于父母要了解孩子心灵的作用，将爱充分地传达出来。在此基础上，作为心灵发育成长的营养，再来和孩子谈论一下各种各样有关心灵的话题就可以了。如此，孩子的心灵才能健康发育成长。

总而言之，爱能培养心灵，能让心灵以惊人的速度成长。

人的本性是在 3 岁之前培养好的

在育儿过程中，最为重要的是消除孩子以自我为中心的思想，即消除他们的任性，不能随意地进行培养。

其次，要培养成能为他人着想的孩子。能够控制自己的感情，能够为他人着想，这两点都是不以自我为中心的表现。

能够培养出认真地考虑其他人，而将自己放在其后的孩子，他们长大后很少会步入歧途。否则，会把孩子溺爱成家里的"王子"或"公主"，他们常常感到无法被满足各种欲望。

一旦将孩子当做"王子殿下""公主殿下"，今后即便再想消除以自我为中心的品行，会变得异常艰难。而到了 15 岁、16 岁、17 岁，就算想要让孩子拥有"为他人着想的心灵"，恐怕也为时已晚了。

最近，出现了无法控制自己的情绪，一遇到不称心就马上决裂、将对方刺伤的孩子，这成为了一个严重的

社会问题。实际上，这是在幼儿时期被纵容溺爱的后果。之所以这样说是因为那样的心灵在 3 岁之前已经基本形成了。

　　常年担任少年厅法务教官、感化观察教官，从事为10000 名失足少年进行指导、矫正工作的相部和男先生，写了《步入歧途的隐患始于 3 岁》（PHP 研究所出版）。在该书中，相部先生通过长达 36 年不断地对失足少年的幼儿时期进行调查和研究，得出一个结果，为使事情更明了，请参见前一页的图中数据。

失足少年在幼儿时期受到教育的方式

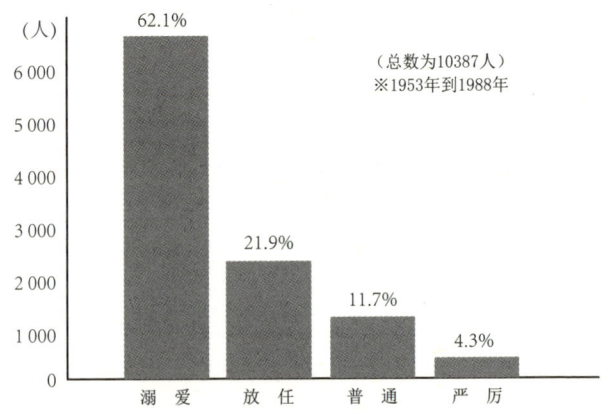

在10387人中，也含有还未受到法律惩罚的、在一般社会接受了恳谈的案例。

　　从图中可以知道，在幼儿时期被溺爱的孩子很容易步入歧途，而且他们也都毫无例外地变得很"任性"——相部先生一直是这样强调的。

　　也就是说，多数步入歧途的孩子是被过度保护着教育长大的，他们将培养抑制自己情绪和随心所欲的意志力当做玩笑，随便敷衍了事。

　　在幼儿时期被娇惯的孩子控制自己欲求的能力很弱，他们会按照自己所希求的那样冲动行事。若是自己想要某样东西，他们甚至会通过偷别人的东西来满足自己想要的欲望。若是想要女人，就会接二连三冲动地强奸周围的女人。

　　我现在和拒绝上学的孩子谈了很多，他们无一例外都是幼儿时期被过度溺爱的孩子。他们在学校里无法和班主任相处得很好，和同年级同学关系异常紧张，感到上学没有意思，学习跟不上……仅仅是因为这些就拒绝上学。在幼儿时期被娇惯的孩子常常没有忍耐力。（摘自《步入歧途的隐患始于3岁》）

相部先生还认为，在 3 岁之前能彻底消除以自我为中心的思想，成为懂得抑制自己，听父母的话，明白什么是不行、不好的事情的孩子，是不会步入歧途的。

孩子按照父母培养的那样去成长。孩子是父母的镜子，孩子的样子就是父母的样子。所以，当孩子变得异常时，就是父母的育儿方式出错了。

孩子在 3 岁之前就已经基本形成了其本质性的性格，之后即便父母再想改变、重塑，恐怕有些太迟了。希望各位父母要记住这一点！

让孩子知道"人从一出生就是钻石"

最近，有些孩子变得不把人命当做一回事，不认为夺人性命有什么大不了的。若是其他孩子犯了杀人罪，他们会满不在乎地说"那真是模范啊，好想膜拜一下"等让人意外的话。

在孩子的心灵中，缺失了很重要的一部分。他们缺失的是什么呢？

我们要让孩子理解"人原本都具有佛性"，磨炼这种"佛性"是非常重要的。若是他们无法理解的话，教育这东西也就不成立了。

佛教认为，"一切众生皆有佛性"，即所有生物无一例外地全都具有"佛性"。这是人生观的根本。

"人之初，性本善"，若是对人性加以磨炼的话，就能显露"佛性"。在基督教中，也有一种说法，"人是神之子"。

人类本来是具有和神、佛一样的本性。人类从一出生

153

开始就是钻石。若是洗掉泥垢并进行打磨的话，就能散发出璀璨的光芒。

若是一开始只是一块泥瓦，不管如何打磨，都无法成为闪闪发光的钻石。这是教育的大原则。

要让孩子知道，每个人都有着如神、佛那般的闪闪发光的灵魂，要对其敬而重之。这样的教导是教育的根本。若是缺少了这个，会使孩子不懂尊重他人的生命。

必须要让孩子意识到自己生命的重要性、他人生命的重要性，以及其他生物生命的重要性。

然而，现在的风潮是反其道而行。电视节目很随意地播出一些杀人现场，毫不在意会对孩子产生不良影响，这会让孩子不懂得敬畏生命。

"成龙"还是"成虫"，取决于家庭氛围

1984 年，在总理府（现内阁府）发布的信息中，有"如今教育荒废的根源在于家庭""不考虑别人方便的孩子正在成长"两条。

在幼儿时期，培养基本的能力很重要。育儿的主要责任首先在于家庭。所以，家庭教育比学校教育更为重要。

然而，目前为止，一说到家庭教育要比学校教育更为重要，有些学校老师就会怒气冲冲了，他们认为，教育是学校的工作，在家里父母什么都不要做。在现实中，很多父母也正是按照那样的想法去做的。

请大家注意，这是一个很大的错误。往往一说到教育，大家都理解为教授知识，而忽略了真正的教育。

所谓教育不仅仅是传授作为人类附属性要素的知识和技术，还必须教授人类本质性的要素——作为一个"人"的品德。这与其说是学校的责任，不如说是家庭的责任。

在总理府发布的信息中，"如今教育荒废的根源在于

家庭"表达了正确的观点。

前文已反复提及，育儿的主要内容是培养出可以拥有控制自己感情的意志力，不以自我为中心、能够为他人着想的孩子来，这两者很重要。

培养孩子的责任绝大部分在于家庭。所以，关于教育，父母必须有正确的教育观，切实地做好家庭教育。否则，会培养出反社会、喜欢犯罪的孩子。

实际上，我曾经做过近 10 年的感化教官工作。依据"少年法"，犯罪的少年不会马上被送到少管所，而是采用这样一条制度："若能很好地忍耐过了反省期，不再做出错误行为，会使其回归社会；决定保护观察处分，然后监察其情况。"

监察犯罪的少年的情况是感化教官的职责，他们会每月来我这里 1 次，或者我去他们家里询问情况，然后每月提交报告。

如果去犯罪的少年的家里，经常会有"啊，终于明白孩子会变成这样的原因了"的想法。这是怎么回事呢？因为他们的家庭氛围太冷漠，父母对孩子没有爱。

　　父母会说"我们不记得曾经那样教育过他了，是孩子自己变成那样从而走上犯罪道路的。我们真的是给了他满满的爱，满足了他的心情，但他却背叛了我们"等，他们不知道自己其实过度保护了孩子，和孩子完全切断了心灵层面的沟通。目前，这样的家庭正日益增多。

第5堂课

培养有秩序感和主见的孩子

在幼儿时期要教会孩子三大规矩

古人拥有让孩子成长发展的智慧，比如，过去在寺子屋❶会教授孩子《童子教》❷。这些就是现在所说的道德，道德教育是培养孩子的中心内容。

《童子教》是在孩子很小的时候，用来教育他们的含有哲理的社会道德。孩子们通过学习《童子教》，学会了要尊敬父母、尊敬长辈，要规矩地问候别人，还学会了感恩和做好事。在对孩子进行教导时需要有三个基本条件：

1. 早上必须要问候"早上好"，从父母先开始问候。父母需要给孩子做好示范。

2. 要培养孩子以下习惯：当孩子被叫到的时候，能够马上回答"是"。

3. 让孩子规矩地摆放鞋子；当站起时，要把椅子摆

---

❶ 江户时代设立的以平民为教育对象的教育机构，由僧侣、武士、神官、医生等担任老师。——译注

❷ 作为寺子屋的教科书而被广泛使用的训导用书，五言体，共计 320 句。——译注

放好。

以上三点，可以说是幼儿时期教导孩子的重要内容。

要如何进行教导才好呢？首先，父母自己要做示范。孩子与其说是从父母的言谈里学习，不如说是从父母的举止里学习，即所谓的"言传身教"。所以父母要先做出表率，展现出模范榜样的作用。

为了教孩子早上必须要问候，当孩子起床后，父母要先开始问候说"早上好"。若是父亲和母亲都养成了在孩子起床时打招呼说"早上好"的习惯，孩子也自然会问候"早上好"。如此一来，孩子就养成了早上问候的习惯，能成为可以很好地进行寒暄问候的孩子，从而能够建立起良好的人际关系。

第二是培养孩子能够愉快地回答"是"，为此，父母也要做好示范榜样工作。当父亲叫母亲的时候，母亲必须回答"是"。所谓"教导"是指孩子在父母做出示范的基础之上不断地去做，只要这样就可以了。

第三是把鞋子收拾摆放好，这将培养出孩子"区分"的习惯和做事认真负责的习惯。通过收拾整理鞋子，可以

培养掌握住一些非常重要的事情的能力。

　　只要一脱鞋子，就要马上整理好；只要一从椅子上站起来，就要马上将椅子推进书桌或者饭桌里面；若是玩完了积木，要自己把积木收拾好。让孩子学会对这些事情加以区分，如此一来，孩子就会成长为对自己做过的事情认真负责的孩子。

在网络时代，更要培养孩子重视阅读

现在是激烈竞争的时代。人们的价值观发生了改变，社会上的潮流也在发生很大的变化。

正如大家所知道的那样，现在的企业正频繁地进行重组。此前"只要进入公司就能一劳永逸"，现在这种做法已经不行了。今后将是由依附公司转变为自己独立与确立"个体"的时代。不，现在已经正处于那样的时代之中了。

如此一来，在对孩子的教育培养方面，现在不能再按照此前的思考方式了。按照之前的常识原封不动地去教育培养孩子，会使很多孩子无法确立自我，他们将来即便从学校毕业也无法顺利进入公司。

近期，高中生和大学生就业难的问题在电视和报纸上闹得沸沸扬扬。

在这种时候，培养出能够自立的孩子显得非常重要。为此，必须让孩子拥有稳重可靠、让人可信赖的个性。

163

到目前为止，所实施的教育都只重视标准化和客观性，而将孩子的个性和人性彻底忽略了。

若是不抹杀个性、不和周围人的想法相一致的话，那么坚持自我主张的、有个性的孩子就会被孤立，成为被欺负的对象。

但是，今后的关键是培养出能够有自我主张、拥有实力的人。因此，从孩子小的时候开始培养实力至关重要。

那么，该如何做才能够培养出拥有个性、能够自立的孩子呢？以下两点是关键。

1. 交流沟通能力。

2. 表达能力。

交流沟通能力是指能够游刃有余地建立起和其他人的人际关系的能力。为此，必须要善于读懂所接触对象的感情和心理。然而，在被称作计算机时代的现代社会，这种能力普遍变得越来越弱了。孩子们就算在家里玩也只是光顾着玩电脑游戏机，很难看到他们一起快乐地绞尽脑汁想尽各种游戏来玩的场景。现在，出现越来越多的"计算机宅人"，他们无法顺利地建立起自己的人际关系。因此，导致现在年轻一代的杀人案件频发。

在孩子小的时候，父母必须要考虑如何培养孩子能够构筑起更为丰富的人际关系。

表达能力是指在已经充分构建良好个性的基础上，将自己的观点传达给他人的能力。培养良好的表达能力很重要，因此，我们要在孩子小的时候就开始培养他们的表现能力和写作能力，让孩子去参加各种各样的比赛，磨炼他们的能力。

另外，为了培养个性，还要求具备获取不同信息的能力。

在通常情况下，人们是如何获取信息的呢？几乎所有人都是从报纸、电视和广播中获取的。如此一来，所获得的信息变得几乎相同。

所以，光靠电视和电脑等来获取信息是不够的。阅读是关键，书中有大量不会在大众媒体上出现的重要信息，以及能传递出事实的信息。通过对这些信息进行精心选择和阅读，能够培养孩子形成独特观点的能力，这是非常重要的。

因此，从孩子小的时候开始，不要让他们做"计算机

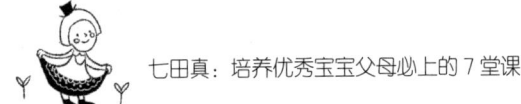
宅人"，而要培养其成为喜欢读书的孩子。

之前的时代被称为人脉、物力和金钱的时代，而21世纪被称作头脑、智慧和信息的时代。让我们培养孩子信息收集和加工的能力吧！

教会孩子确认家庭秩序

　　在一个家庭中，若是没有秩序，是无法培养好孩子的。所谓家庭秩序是指首先要将爷爷（姥爷）、奶奶（姥姥）放在最优先的位置，然后再到爸爸、妈妈，着重于按照年龄的顺序来排列，这样可以让家庭秩序受到保护。

　　比如，假设一家人在吃橘子。在这时，经常是从最小的孩子开始按顺序分发橘子。但是，这是错误的做法。正确的方法是，对孩子说"来，这个橘子要先给爷爷（姥爷）"，接下来，"给奶奶（姥姥）"，"给爸爸"……像这样从年长者开始按照顺序分发下去，能让孩子切身地掌握"要先分给大家，自己最后去拿"这一原则。

　　然而，通常人们容易把小孩放在最高处，颠倒了家庭秩序。

　　父母若是重视年纪小的孩子而忽视年纪大的孩子，兄弟姐妹之间的关系就会变得糟糕。年纪大的孩子会变得非常嫉妒，对弟弟妹妹不那么温柔、和善了，心中随之会产

生"为什么我要在后面"的不满情绪。那是无意识之心在发挥作用。明明自己是先出生的，理所当然应该被放在前面，可是弟弟妹妹却受到更多的重视，所以他无法理解。

如果父母说"哥哥是先出生的，所以要在前面"，并且把年纪大的孩子放在优先位置，他就会很满足，会温柔而和善地对待弟弟妹妹。如此一来，家中就有了正确的秩序，年纪大的孩子会照顾年纪小的孩子，温柔而和善地对待他们，不会产生纠纷、麻烦。这样的兄弟姐妹即便是步入社会之后，彼此间的关系也还会非常好。

而那些被父母以对等关系对待的兄弟姐妹只会争吵，一旦步入社会，家里的事情对于他们而言就全都无所谓了，只要一离开家就完全不会想联系彼此。这种情形割断了人际关系。

因此，家庭秩序很重要。首先要将爷爷（姥爷）、奶奶（姥姥）置于最前面，接下来是爸爸、妈妈……而且，必须要建立起父亲一家之主的地位，同时，父亲也必须要有与之相应的言行举止。

尽早让孩子在集体中历练

近来，独生子女正越来越多，但是我个人认为，若是允许的话，最好还是尽可能多地生几个孩子。之所以这样建议，是因为所谓独生子女本身存在着问题。

如果是独生子女的话，家里就不存在小孩的社会群体，孩子是被珍视与宠爱着抚育长大的。如此一来，孩子很容易变得心灵扭曲，无法适应周围的环境。

还有这样一种说法："大部分不良少年都是独生子女。"与那些在大家族中和众多的同龄人一起成长的孩子相比，独生子女容易成为步入歧途的孩子。

不曾被父母批评过的独生子女在长大后接触社会时，会受到比较大的打击。之所以如此，是因为一步入社会，他们便不再是"王子殿下""公主殿下"了。每次和朋友发生冲突时，会被老师批评，说"不行""不可以""不允许"，这些对那些孩子而言都是不能很好应对的"打击"。

所以，若是允许的话，希望你能生两个以上的孩子。

如果不行，那么必须注意从孩子很小的时候开始，把他们放入小孩的社会群体里。

请在孩子两三岁时让他们进入托儿所、幼儿园，在属于他们自己的社会中进行历练，从而学会如何坚持应该坚持的事情。

此外，让孩子学会对于应该忍耐的事情要忍耐，对于应该谦让的事情要谦让，在小孩的社会群体之中，学到正确的人际关系，然后，能切实地培育出适应社会的能力。

如果孩子一直不去幼儿园、托儿所，直到 5 岁才第一次融入人际关系之中，那么当孩子首次被老师和小伙伴"批评"时，会受到打击，变得无所适从。

特别是独生子女的父母，请在对待孩子时充分注意这一点！

认可、表扬能让孩子更自信

培养孩子最好的方法之一便是以认可、表扬的方式进行教育。然而，有很多父母选择了批评培养的教育方式。

若是给予孩子存在感的话，曾经困扰父母的问题就会迎刃而解。当自己所做的事情被认可、被表扬、被爱着的时候，孩子就会有安心的感觉，从而自信地成长，能平和地接受父母的话，从而成为性情温和的孩子。

因为对于自己的存在很有自信，所以能准确地说出自己想要说的事情，不会被人欺负。同时，因为一直都被教育着要对人和善，所以也不会去欺负他人。

然而，若是一直光被批评的话，心中就会充斥着对这个世界的恐惧，觉得世界都是不快乐的，其所作出的反应往往是问题行为，无法融入与直面社会了。孩子即便被批评了，也不明白真正的意义。一旦做了想做的事情，就会被批评——无意识的心灵就会充满着这种想法。

于是，这样的孩子不是变成过度压抑的人，就是变成

反抗型的人。采用批评培养的方式，无法让孩子成为人格正常的人。

本来应该培养出对人生充满了乐观情绪的人，但是却培养成了拥有负面情绪的人。

相反，若是对孩子进行认可、表扬的教育的话，会如何呢？孩子会开朗地成长，以开朗、正面的态度理解与认知人生，从而形成积极的、正常的人格。

每一个孩子都是完美的。只不过因为"玉不磨不成器"而一直被遮盖住了光芒。孩子这块璞玉能否散发亮丽光芒的关键在于父母对待孩子的态度。

如果父母不以批评式的方法教育孩子，经常微笑着表扬、认可孩子的话，孩子马上会开始散发出耀眼的光芒，对自己的存在有自信，从而开始发挥一直拥有的、与生俱来的能力。

将批评时间控制在1分钟内，且仅此1次

与其批评性地培养孩子，不如改变看待孩子的态度，改变培养、对待孩子的方式，这样的话，能培养出明事理的孩子。这些在前文中已经叙述过了。

基本上若是母亲将爱意传达出来，从而建立母子之间的信赖关系的话，几乎不用批评也可以教育好孩子。

但是，希望你注意：孩子明明一直在做一些不允许的事情，但父母却置若罔闻是不对的。如果遇到以下情况一定要批评。

1. 伤害到他人时。

2. 做了会给他人带来麻烦的事情时。

3. 默不作声就盗取他人物品时。

让我们将这三条规则认真地传达给孩子吧！

当孩子已经做了不允许的事情时，首先要在他们犯错的当时，严厉地纠正孩子："不可以这样，这是不可以做的事情！"

173

之后的做法很重要。要创造出和孩子独处的时间，提醒孩子"你刚才所做的事情，作为一个人来说是不被允许的，以后不要再那么做了"，然后说"妈妈非常喜欢你，妈妈喜欢你的什么什么地方哦"。像这样具体列举出孩子的优点并加以表扬，传达出父母一直都认可、爱着孩子的信息。如此一来，孩子即便被批评了，也不会真正受伤。

批评的方法很重要。若是过于严厉的话，会出现反效果。绝不能说"我会把这事告诉你爸爸"这种话来。

孩子好不容易产生反省之情，却因为这些话而使得这种心情瞬间灰飞烟灭。孩子的心里随之会生出畏惧感，并且不信任说出那种话的母亲。向父亲告状是在破坏母子之间的信赖关系，从而使孩子不信任母亲，畏惧父亲。

孩子因为那些事情被母亲批评 1 次就够了，如果被父亲再批评 1 次，很可能会过犹不及。必须要注意到这种做法的不合理与不当。

如果母亲在严厉地批评孩子之后，能再说出一些传达爱意的话，比如约定好"这件事是你和妈妈之间的事情哦，我们不跟爸爸说"，这会让孩子认为虽然妈妈很严厉，但是也有温柔的地方，从而产生信任感。

　　而且，批评孩子要控制在 1 分钟内。若是没完没了地不断批评，孩子就不会再听了。孩子明明已经有了"要反省做了不好的事情，不会再做了"的心情，但若是被没完没了地批评，会让孩子认为妈妈讨厌自己。

　　如果因为批评的方法而破坏了母子间的信赖关系，那么孩子会变得异常起来，会表现出"即便说他也不听""即便妈妈拜托他也一无所知""即便妈妈表情很痛苦，也一点不体谅"的样子。

　　这是母子间的信赖关系遭到破坏的表现。在这种情况下，我们首先要考虑的是修复母子间的信赖关系！

第6堂课

培养持续进步的孩子

培养孩子不设标准，不要比较

培养孩子最重要的是享受育儿的乐趣。父母若是以焦虑之心培养孩子，不仅让自己很有压力，也让孩子很有压力。这不光使得育儿失去了乐趣，而且还变得很痛苦；同时，会以负面情绪看待孩子，并对这样培养孩子的自己感到厌恶。

即便同样在培养孩子，也有快乐的育儿方法和不快乐的育儿方法。这取决于母亲看待孩子的角度、培养方式。

若是改变看待孩子成长、发育的角度，一切都将变得很轻松。让我们试着去彻底改变此前看待孩子的角度和培养方式吧！

坦然地接受孩子现有的一切，培养孩子的个性，只要以这样的角度和培养方式来对待孩子就可以了。

与此同时，有两种以负面情绪培养孩子的观点：一种是在培养孩子的过程中，父母设定了标准，并以此为基准看待孩子；另一种是和其他孩子做比较。

　　若是在培养孩子的过程中设定好了基准，会成为孩子焦虑的诱因，因为孩子很容易达不到基准所要求的。比如，"我们家的孩子还不会说话啦""还不能走路啦"，对于孩子成长发育的迟缓，父母容易不知不觉地拘泥于此，若是这样，是无法顺利培养好孩子的。

　　为什么会如此呢？因为父母总是用标准来看待孩子——"我们家的孩子还没有达到那个标准"，从而陷入巨大的压力之中。于是，转而将这种压力转嫁给孩子，使其陷入"父母认为我一无是处"的情绪中。

　　另外，也不可以和其他孩子做比较。"和其他孩子相比，我家的孩子一直发育得很迟缓"，若是有了这种想法，父母的心情就难以保持平静，会变得异常焦虑，不知所措。然后，就不会再说出温和的话了，而是对孩子连珠炮似的说出各种刻薄的话。即便知道那样不好，但也毫无办法。

　　只要父母焦虑的心情得不到缓解，就无法说出认可孩子的温柔的话来。

每天感动于"昨天还做不到呢，今天却已经会做了，好厉害啊"

在培养孩子的过程中，最基本的就是不设定标准，坦然接受孩子现在的一切。"只要小 XX 你在这里，爸爸和妈妈就很幸福了哦"，能说出这样的话是一切的起点和原点。

"正因为你，弄得妈妈很困扰。妈妈一直都在付出、牺牲、忍耐"，若是以这样的心态来培养孩子，孩子是不会顺利成长的。

"并不是别人想的那样，能拥有令人珍惜的宝贝儿，这本身就已经很让人开心了。"父母必须要返回到拥有孩子时的原点，回到孩子出生那一刻的喜悦之情，只要从那里出发来培养孩子就好了。

"这样做慢了""必须要那么做""不这么做就不行"……让我们从这些义务感中将自己释放出来吧！

即便孩子的生长发育有些许迟缓，也不要把它看成是问题。因为只要进行了右脑教育，之后都可以赶超上去。

在现实中，不少出生时有先天障碍、大幅低于平均发育水平的孩子，通过右脑教育获得了认可、表扬，其结果是很好地弥补了之前的发育迟缓。当这些孩子升入普通年级时，成绩甚至比正常儿童还要优秀。此类的例子还有很多。

即便有先天障碍、发育迟缓，只要不设定标准，不和其他孩子做比较，认可孩子的个性化成长、发展，对于孩子的努力和已经有长进的地方、做得很好的事情进行表扬，以这些方式去培养的话，孩子会慢慢表现出非常出色的成长发育水平。

所以，父母要将基准设为零。"相较于昨天，孩子已经能做到这种程度，已经这么出色了"，父母要像这样欣喜于孩子的每一个变化。

"哇，会做这个了，昨天还不会做呢，今天就会了。好厉害啊！"若是真心感动，每天都会是父母的感动日。如果孩子感受到父母因感动而传递出的欣喜之情，他们也会逐渐发生改变，比如任性会慢慢地消失。

在以负面情绪看待孩子的过程中，父母会承受着巨大的压力；然而，只要父母将目光转向孩子的优点与进步之处，以表扬的方式教育培养孩子，孩子马上就会发生变化。

所以，请坦然地接受孩子现有的一切，用正面的眼光看待孩子吧！对于父母而言，这是最为重要的事情。

重视孩子心灵培养的右脑教育

所谓右脑教育是什么样的教育呢？人类拥有两个大脑，即作为意识脑的左脑和作为潜意识脑的右脑。当大脑将这两者连动着发挥作用时，将体现出最高的功能。

右脑的原理几乎一直不为人所知。科学家对 "SilentArea"（沉默领域）的额叶的功能还不甚了解，实际上额叶有促使人类进化的进化功能。

右脑还有许多未知的功能，其产生的源头就在"沉默领域"。右脑的额叶是进化之脑的中心核，它与间脑相连，而间脑正是人类各项能力的大本营。

通过神经解剖学，位于自律神经中枢里的下丘脑通过丘脑背内侧核与额叶连接，额叶对于大脑边缘系统和下丘脑有影响，而且连接着感觉领域和运动领域。

额叶是在生物进化过程中最新产生的脑叶，潜意识的灵活运用若是进入作为意识领域的额叶，就会产生高级的能力。

然而，通常人们只使用左脑，几乎不怎么使用右脑。哈佛大学的诺曼·杰斯克温得和阿尔伯特·戈拉伯达对脑部进行了解剖学上的调查研究，发现"被称作天才的人类可以很好地使用脑部，达到左右平衡，但是普通人类的用脑方法极端偏向左脑"。

加利福尼亚理工科大学的 J.E. 伯格博士也说，"此前的教育是只对左右脑中的一个半球体（左脑）进行教育，而让另一半就那么一直搁置着"。他还指出，人们因为一直忽视右脑的能力而不去使用，直至生命终结。

21 世纪的教育应该考虑更好、更平衡地使用左右脑。

至今不曾被很好使用过的右脑中有灵感、想象力和创造力的功能，这使得感性和人性也与右脑有着密不可分的关系。

左脑和右脑中的功能完全不一样。左脑通过语言进行思考、记忆。听、说、思考、记忆、学习、传递信息，所有这些活动都以语言为媒介。

而右脑通过图像来思考、记忆。通过图像来接收和发送信息、思考、理解、记忆等，不使用语言而是通过图像来对脑部进行操作。右脑具备这样的功能，所以左脑被称作语言脑，右脑被称作图像脑。

然而，我们目前的教育只教授了对语言的操作，却几乎未教授过对图像的操作。因为人们此前对于人类的脑部是"单一中枢"的说法深信不疑，只相信通过语言让其运转起来的左脑，而对右脑的功能却一无所知。

人类一直都拥有无与伦比的潜能，却一直没能得到充分开发。有研究称，人类现在所使用的能力仅仅占其所拥有能力的3%左右。

实际上，在那些隐藏起来的潜能中，大部分都来自右脑的能力。但此前几乎没有过关于右脑的研究。若是注意到右脑的能力并了解如何引导出那种能力的话，孩子的潜能将为之一变。右脑的图像拥有超过文字和语言几千几万倍的强有效的教育效果。

此前因为学习迟缓而导致成长变慢的孩子，和有脑部障碍、通过之前的教育方法几乎不能培养出学习能力的孩子，若是通过右脑教育的话，有可能变成优秀儿童。

通常，语言表达能力欠缺的孩子和有脑部障碍的孩子，

虽然左脑发育迟缓，但是右脑反倒蕴藏着能更好发挥作用的能力。因此，如果将这些孩子右脑的优秀能力引导出来，并使之与左脑相连，将能让其变成完全和健康正常的孩子一样。

不仅仅是学习能力和其他能力的问题，右脑教育的优秀之处还表现在以下事实中：接受了右脑教育的孩子基本上都拥有温柔的心灵，具有很高的协调性，以及丰富的感性、人性、想象力和创造力。这是因为左脑教育是以对立和竞争为学习原理的，与此相反，右脑教育将对心灵的培养看成是头等大事，是一种以爱、一体性和协调为学习原理的教育方式。

随着对脑部研究的显著进步，脑部的构造逐渐呈现得更加明晰，从而产生了此前没有过的新学习方法——右脑教育。

右脑教育成功的案例

让我们通过一个孩子的成长来看一下右脑教育的实际案例。

5 岁的小 A 被诊断为自闭症，之前连话都还不会说，和其他孩子也无法沟通。去年春天，他加入了七田真教室，因为有情绪障碍，发育也异常迟缓，所以我们让他参加障碍儿童的课程，老师通过一对一的形式进行指导。

但是障碍儿童课程的老师最重要的工作不是教授、指导儿童，其首要任务是指导父母转变看待孩子的态度。因为大多数父母都是以负面情绪对待自己的孩子，所以要请父母改变那种负面的想法，并要让他们知道若是父母改变看待孩子的态度，孩子也将会随之发生改变。

小 A 母亲的希望是让小 A 顺利通过秋天的入学儿童健康体检，并想方设法使其在来年春天进入普通小学进行学习。

最初，他的母亲怎么都无法改变，在教室里以非常强

187

硬的命令口吻对小 A 说话。于是，老师就拜托他母亲说："请您想想小 A 的优点并表扬一下他。"

随后，小 A 母亲的态度慢慢发生了变化，心情变得平和。当小 A 可以放松地参加课程训练时已经是暑假了。正读小学二年级的小 A 的姐姐也一起来到教室，所以请他们的母亲也加入进行三个人的训练。

这产生了意想不到的效果。在进行打开右脑的训练时，毫无疑问，小 A 能做得比姐姐和母亲更好。他母亲对此感到很吃惊，这使她注意到了"这孩子拥有优秀的能力"。

然后，从那时开始，小 A 的母亲看待他的目光逐渐发生了变化。能够不断地发现小 A 的长处。而且，最让人感到高兴的是，小 A 意识到了"自己也能做得比姐姐好"，从而充满了自信。

小 A 在课堂上所展现出的让母亲吃惊的能力，是"通过右脑能力获得的"，他母亲似乎还不是很了解这点。于是，我们就跟她讲解了右脑能力的优秀之处。

一旦小 A 母亲看待他的态度发生了变化，小 A 也开始渐渐发生变化。小 A 曾经只能将母亲的肖像画成"愤怒的表情"，而现在母亲的脸上恢复了笑容，小 A 也变得朝气蓬勃了。连幼儿园的老师也问："小 A 变了，发生什么事情了吗？"

小 A 从 9 月左右开始能够说话了，还会读写文字，也能迅速地理解数字了。然后，10 月有入学前健康检查，在面试的最后，小 A 被校长表扬说"做得非常棒。这样的话，上正常儿童的学年就行了"，小 A 母亲心中的那块大石终于放下了。

小 A 从来到七田真教室 4 个月之后的夏天起，开始有了迅猛的变化。小 A 为什么会出现改变呢？因为他母亲发生了改变，不再紧盯着孩子的发育迟缓不放，而是能够看到孩子的本性，能够与孩子相互沟通心灵。

孩子没有按照想象的那样成长，这是因为从注重肉眼可以看到的学习能力和其他能力的成长发育变成了压制孩子心灵的教育。那时，父母和孩子都在进行充满压力的左脑教育。在这种教育中，孩子一直紧闭着心门，所以无法很好地发挥记忆力和理解力的作用。现在，父母意识到了对孩子心灵的培育远比对学习能力和其他能力的培养重

要。不要再用负面的情绪看待孩子，请相信孩子，将对他的爱传达出来，如此一来，孩子会迅速发生改变。一直以来被认为记忆力不好的孩子，会突然让优秀的记忆能力发挥作用，从而将延缓发育的部分迅速弥补上。

生来头脑就不好或者是记忆力不好的孩子是不存在的，只不过是这些孩子一直紧闭着心门而已。

若是进行打开孩子心灵的右脑教育，孩子不仅变得开朗，而且能力也随之发生彻底改变。

激活右脑的预备课程

在进行右脑教育时，必须要有预备课程。

人类在运用大脑时，通常是费尽心力地使用左脑。所以，可以认为所有的外界刺激几乎全都进入左脑。于是，因为左脑的输入只能导致左脑的输出，所以无法打开右脑。

为了能使用右脑，作为条件，需要先让右脑得到激活。当这一条件被满足了，变成刺激进入右脑的状态之后，再进行训练，这些是非常重要的。

激活右脑的基本训练是预备课程。如果进行预备课程，左脑会停止发挥作用，而让右脑发挥作用，即"当对右脑的输入变成可能时，右脑的输出就能被获取"的原理。

预备课程由"冥想""呼吸""暗示""想象"组成。

"冥想"需要闭上眼睛，让心灵平静下来。

"呼吸"是要比平常更为缓慢地深呼吸。在吐气的时

191

候，腹部要尽可能地凹进去，一边吐气一边给予"脑部要全神贯注"的暗示。吐气时间越长，越容易看到图像。

"暗示"需要像这样去对孩子说："妈妈最喜欢小XX 了。小 XX 的心和妈妈的心永远在一起哦。现在来和妈妈一起玩想象游戏吧。你能像看电视一样清楚看到妈妈说的事情哦。"

"想象"是任意让孩子想象图像，但是对孩子来说，最容易想象的是返回到胎儿时代。不论哪一个小孩都曾有过在母亲腹中待过的经历，胎儿时的甜蜜记忆让人怀念，所以无论哪个孩子都能瞬间形成那一时期的想象。

接下来，要按下面的内容去说。

"你慢慢地变小，变成 3 岁、变成 2 岁、变成 1 岁，变成待在妈妈肚子里的小宝宝。现在你在妈妈肚子里了，非常放松。"

像这样和孩子说，孩子会完全退回到胎儿时的感觉，能够将那时的样子以图像的形式清晰地再现出来。

接下来，让我们试着问孩子，"腹中是什么样子的""能够看到什么""能够听到什么""能感觉到什么"等，孩子会将胎儿时的记忆清晰地说给我们听！

　　这同样适用于幼儿、小学生、中学生。在右脑教育一开始，首先要进行这个预备课程。

相信想象的力量

在右脑教育中，关键在于培养看图像的能力。左脑教育将语言看得最为重要，而右脑教育则将图像看得最为重要。预先知道这两者的根本区别很关键。

此前人们没有很好地掌握右脑的图像功能。长久以来，人们一直相信"图像是感觉上的东西，完全没有功能上的意义"。但现在人们终于知道图像具有令人惊讶的力量。

图像具有在现实中会按照所想象的样子去实现的法则。例如，如果参加赛跑获得最后一名的孩子想象自己下次能跑第一名，就有可能按照所想的那样成为第一名；如果想象着在测试中拿到满分，并积极去学习的话，就会真的有可能拿到满分。

在这里，我们来介绍一封来自茨城县 M.A 的信。

这是 10 月中旬的事。幼儿园举办跳绳活动，但我什么都不会。我竭尽全力地让绳子慢慢地摇到前面，然后砰地跳起来。接着，我想到七田老师说过的"想象"，于是对自己说"M，这双鞋是魔法鞋哦。只要穿着这双鞋，跳绳就能跳得非常厉害"，然后穿上鞋子。穿上之后，果然跳得非常好，能跳 10 次了。

那之后一切顺利，10 月 29 日已经能连续跳 51 次了。

老师也很吃惊，问我道："小 M，今天都能跳 51 次了哦。昨天明明还几乎不会跳呢，到底是怎么回事呢？"

于是，我回答说："我给自己施加了暗示，说'这双鞋其实是魔法鞋，只要穿上就会跳绳'，并让自己这样去想象。"

老师说："想象是吗？好厉害啊。这也是托七田老师的福。"

我说"是的"。顺便说一句，我的班主任老师读过很多关于七田老师右脑教育方面的书。

到目前为止，我已经是班级里第二名了，能跳 77 次了。自己已经切身感受到"想象这东西好厉害"。

"旧脑"的丰富世界

人类有新脑和旧脑。旧脑中充满了丰富的想象。但是，因为新脑的抑制通常过于强烈，而难以显露于表面。

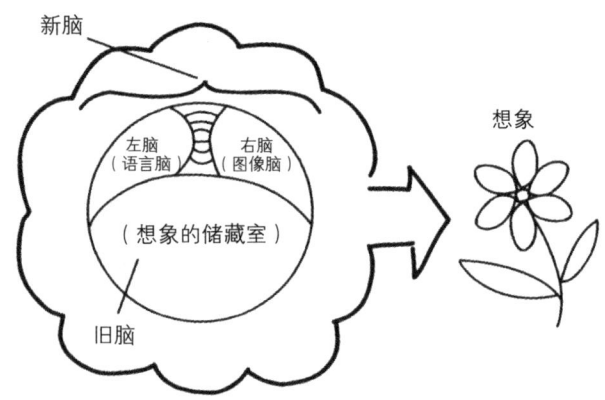

表面的脑分为左脑和右脑，旧脑的作用是在右脑中呈现出结构。

旧脑隐藏着出色的能力。但是，对于旧脑创造出的东西，人们几乎一无所知。

若是在新脑中发挥作用的意识变得低下，旧脑中的想象就会浮到表面，在右脑的额叶被影像化。

右脑教育是可以永远自由地使用旧脑的丰富想象的教育。

相比起其他年龄段，在 0 ~ 6 岁这一时期，右脑教育更容易发挥良好作用。但这并不意味着小学生、中学生甚至成年人无法发挥作用，对于右脑教育而言，是"没有已经不行了的这种事情"。

只要进行右脑训练（即想象训练），不论谁都能运用想象。因为每个人都拥有充满了丰富想象的旧脑，所以这是理所当然的事情。只不过新脑的作用很强大，使得旧脑的作用难以显现。

在睡觉时做梦，因为表面的新脑作用变弱了，所以旧脑的想象出现在右脑中，以梦的形式为我们所感知。

西蒙顿疗法让梦想靠近现实

正如前文所述，右脑中一直隐藏着通常不怎么使用的优秀能力，而将其引导出来的方法就是想象训练。

若是将想象镌刻在潜意识中，潜意识具有将想象进行自我实现的作用。

现在，你正在想象的事情将在未来显现。未来就是依现在的你所想象的而定。

在进行想象时，与之相关的信息会被聚集起来。其间会产生波动，波动通过"物以类聚"这一法则，将具有同样波长的东西聚集到你的周围。

如今即便在体育界，加入想象训练也已经成为普遍现象。

为了达成愿望，有一种极为有效的想象方法，被称作西蒙顿疗法❶，即每天 3 次、每次 15 分钟的冥想。在安静的屋子里，坐在椅子上，闭上眼睛，进行腹部呼吸。每

---

❶ 又名想象疗法或精神性疗法，由美国心理学家卡尔·西蒙顿医生开发。——译注

次吐气时，在心中想着"放松"。通过自己的想象从头部开始，依次让身体各部分放松下来。然后，在放松的同时，想象着自己的疾病得到治愈。若是不想象治病，而是想象达成自己的愿望，那会使愿望实现。

之前，网球选手佐藤直子在《每日新闻》里写过下面这件事情。

当自己步入赛场开始和对手比赛时，自己的脚步轻盈地移动着。发球之后再打回来的球，都是不费吹灰之力就能回击的球，一盘定胜负。在脑海中让那样的想象反复浮现。若是如此，比赛必定能顺利进行。

天才型的棒球选手长嶋茂雄想象着自己在欢迎天皇陛下的御前比赛中，进入到击球区猛地击出一记本垒打的样子。然后，就真如他想象的那样，愿望实现了。这一故事在日本家喻户晓。

在首尔奥运会女子百米短跑项目中获得第一名的弗洛伦斯·G.乔伊娜曾说："在比赛之前，我祈祷过，想象拿

到了金牌。在想象中描绘出了自己赢得比赛的情形。那些一起奔跑着的其他选手都远远落后于我，我遥遥领先地跑在前面，差距越拉越大。我这样想象过，自己正心情愉悦地奔跑着。"

就像这样，通过经常描绘出自己想象的图像，能使自己逐渐接近它。

母爱是孩子成长发育最好的营养

孩子能否顺利成长，很大程度上取决于母亲是否能很好地将爱传达给他们。我们要记住，最重要的是通过亲子之间的肌肤接触来传达这种爱。而这种肌肤接触的育儿方式要在孩子呱呱坠地那一刻开始。

先让我们来看看所谓的心灵培养，它是指孩子通过母亲的爱抚获得存在感，并对自己的存在拥有自信。

拥有存在感的孩子是什么样的呢？他们对自己来到这个世界和自己的存在充满自信。而这种自信来自被父母关爱着。

然而，很多父母不知道心灵育儿的重要性，只是一味地进行身体育儿。育儿方面的图书大多也都是只偏重如何照顾孩子身体的内容，如牛奶的浓度和喂奶的次数、垫尿布的方法等，忽略了重要的心灵育儿。

没有被培养心灵的孩子会表现出拒绝上学、欺凌他人、吸食毒品、身心机能紊乱症、无理由杀人、自杀等，长大

后会令人困扰。这些全都意味着在从 0 岁开始的育儿中没有培养出健全的心灵。

在孩子出生后，母亲需要马上抱抱他们。然而，现在的生产方式是孩子即便出生了也不让母亲抱，马上就被带到新生儿看护室。从一出生开始对心灵的培养就被忽视了。

为了能传达出母亲的爱，让我们来修正生产方式吧！

另外，如果孩子出生之后被抱的次数少的话，有变为聋哑儿童的危险。孩子在出生后 3 个月到 6 个月里，要经常被父母抱，这是很重要的事情。最初的 3 个月是决定胜负的时期。

然而，对于在充满爱意的环境下成长的孩子却相反，即便他们哭了也不能马上去抱，要让他们学会忍耐，这很重要。

出生后马上就被母亲抱，在关爱中成长起来的孩子会比较稳重，很少会无缘由地焦躁，比较容易抚育。若是与母亲肌肤相亲不够充分的话，孩子就会经常哭。

在国立冈山医院，刚一出生就马上让母亲抱婴儿，并且会在出生第一天之内让婴儿吸 7 次以上的乳头。而且还在婴儿出生后30分钟内，把让婴儿吸乳头作为重点，指导母亲不能喂水、牛奶等。于是，母乳喂养的成功率据说是100%。这样一来，婴儿和母亲之间的联系纽带变得很结实。心中充满爱的婴儿在仅仅2个月时，与其他婴儿相比，其眼睛所绽放出的光芒和身体的机能是不一样的。

相反，在出生后马上就被带离母亲身边，不让其吸乳头，用牛奶喂养，没有被母亲爱抚或是没有听到过母亲呢喃声的婴儿，有发展为自闭症的危险。

出生时母子的肌肤相亲是育儿的基本。从母亲那里获得这种爱而成长起来的婴儿，会成为具有存在感的孩子。

人类的脑部是将过去的记忆作为影像不断进行累积叠加的结构，结合过去的记忆来判断现在的状况，并作为行动的标准。这便叫作行为模式结构。

出生之后被给予了丰富的爱而成长起来的婴儿，不论在什么时候都能平稳地度过，这是因为在出生之初得到的和母亲之间的记忆是稳定的模式。

第7堂课

培养有同情心的孩子

告诉孩子 "努力会让灵魂熠熠生辉"

在育儿中，最为重要的是培养孩子的灵魂。

人是为了什么而出生到这个世界上的呢？让我们来告诉孩子，那是为了磨炼灵魂！所有人都有灵魂。让我们来告诉孩子，若是努力拼搏地活着，灵魂就会熠熠生辉！灵魂是在什么时候才会散发耀眼的光芒呢？是在以下三种时刻。

1.努力拼搏，使自己奋发向上的时候。

2.正在集中注意力做事情的时候。

3.对人倾注了温柔的感情的时候。

懈怠的人会忘却要磨炼自己的灵魂，他们所散发出的气场是暗淡无光的。

每个人都会发散着自己的气场。灵魂得到了磨炼的人会发散出正面积极的气场，而懈怠的人和只会说些对自己有利的话而不去努力的人，发散出来的大都是暗淡而混浊的气场。

另外，正在努力集中精神去做某些好事的时候，人们也能发散出好的气场，灵魂正闪耀着光芒。

让我们来学习即便失败也不懊悔吧！失败是良药，将它看成是弹簧，只要更加努力就好了。神爱那些不气馁、能够坚持不懈朝着一个目标前进的人。

雅克·路赛亚是法国哲学家、作家。他在青少年时期因为遭遇了车祸，而导致失明。他在名为《然后，有了光》的自传体中说道："不论是睡觉的时候，还是醒着的时候，经常能在眼睑里看到光，因为能看到心中的光。"

他在那本书中写了如下一段话。

不论是清醒时，还是在梦中，我都生活在光明中。在温和地对待他人的时候，自己充满了自信，而且在心情愉悦的时候都会闪烁着光芒。

若是想着自己绝对要赢、想要获得第一的话，光芒就会消失。在生气、焦躁的时候，也一样会消失。

我总是通过光芒来学习。只要看到耀眼的征兆，马上就会知道要如何去生活才是好的。

"父亲的作用"能影响孩子的 品质和人格

孩子是通过与父亲的接触来塑造自己的品质和人格的。

孩子的品质和人格受父亲影响很深，因此，父亲要把"爱"和"敬"传达给孩子。

父亲是孩子的榜样。父亲的人格和行为会对孩子产生很大影响。儿子认为父亲是世界上最伟大的人，总是在观察、模仿父亲所有的言行。父亲的影响力不论怎么衡量，都是难以估算的。因为在和父亲的相互接触中，孩子的自我会得到成长。

那种长期不重视家庭、不关心孩子教育的父亲，已经失去了当父亲的资格。

而对于女儿来说，她会将父亲作为异性的典范，从而认识异性是什么样的。如果母亲憎恨父亲，固执地认为父亲是坏人，女儿就会陷入对异性的厌恶中。如果儿子感觉到自己身上正流淌着那个坏爸爸的血，会动摇作为男性的自我证明。

　　孩子需要一个正面的父亲形象。如果父亲几乎不和孩子接触的话，孩子的心灵会受到很深的伤害。

　　父亲若是开心地和孩子一起度过美好的时光，孩子就会从父亲那里感知到超出父亲想象的温暖和强大。

　　从父亲那里吸收到的东西将很大程度反映到孩子所创建的人际关系的基本思想中。

　　一直缺乏父爱的孩子在绘画时会描绘金黄色的太阳，这是众所周知的心理性的事实。

要清楚地区分"温和"与"纵容"

作为"人"来说，最重要的是要对他人有同情心。在家庭中，每个人都各有不同的心情，如果没有为彼此着想的心情，这样的家庭是非常不幸的。

在家庭中，相互间彼此稍微体贴关心是非常重要的。研究称，"丈夫出去工作的时候，只要妻子每天挥挥手目送着他离开，就能避免离婚。这样的例子比比皆是"。稍微体贴关心就能拥有家庭的幸福。

如果母亲对孩子表现出温柔的心，孩子也会对母亲表现出温顺的心。这样的家庭才是幸福的家庭。

应该如何去做，孩子才会对他人表现出温和之心呢？如果让其按照所想的那样任意去做的话，无论如何都不会培养出温和之心的。

首先，母亲要以温柔之心来对待孩子，这是最基本的。从母亲那里获得了充足的爱的孩子，就能拥有对待他人的温柔之心、同情心，就能培养出"不可以做的事情就是不可以做"的理解能力。

通过拜托一点小事来播下表扬的种子

　　父母经常毫不在意地对孩子说"去做那个""来干这个""不行"这样带有命令、禁止语气的话，如果以这种态度对待孩子，会逐渐使孩子紧闭心门。

　　所以，父母应该对孩子说能打开他们心门的话，那便是拜托的话，如"能不能帮帮妈妈""能帮我去买点东西吗""妈妈要做咖喱，来打一下下手吧"等。相比起用命令的口气，若是用拜托口吻，孩子的心情就会很好地被调动起来，因为拜托的口吻是基于尊敬对方的心而说出的。

　　请父母不要有以下想法：即便拜托孩子来帮忙，他们也只能是帮倒忙，父母之后还得自己再重做一次，所以认为这只是增添了麻烦。

　　即便孩子很糟糕地帮了倒忙，也不要忘记紧紧地拥抱孩子，对他们说："谢谢你帮了妈妈。多亏温柔的小XX，真是帮了妈妈哦。妈妈最喜欢小XX了。"

　　如此一来，被妈妈认可、表扬，孩子获得了爱，会变

成一个乖顺的好孩子。这使得培养孩子变得非常轻松。

之所以如此，是因为每个孩子的心中都有想要得到父母认可、表扬和爱的愿望。想要别人认可自己即想要让别人尊重自己。

因此，父母通过拜托孩子来帮忙，会表示出对孩子的尊重，孩子也会很容易就产生对父母的敬意，变得很乖顺。

之前，有一对父母带着小学二年级的儿子来找我商谈孩子教育培养的事情。

他们为什么来找我商谈呢？因为那男孩在学校里偷别人的东西和钱。学校老师虽然发现了这点，并提醒他本人注意了，但是他却没能改正过来。因此，老师通知了父母，他们虽然也严厉地教育了孩子，但他还是没有改正。父母想问问我该如何是好。

于是我这么对他们说："孩子的所有问题行为全都是在寻求父母的爱啊。即便表现出的形式是偷盗东西、钱财，其实心中想要偷的是父母的爱。孩子明明表达的是希求父母的爱，却受到了惩罚，所以只会使其更加恶化。"

关于"要怎么做才好"的问题，我是这么回答的："反着来，若是能给予孩子认可、表扬和爱的话，就能解决了。培养孩子的秘诀就是认可、赞赏、爱护。"同时，我还将育儿的根本告诉他们。他们问："孩子明明都已经偷盗财物了，为什么还要去认可、表扬和爱呢？"我回答道："为了改变孩子，不能只是教育他偷盗财物是不好的事情，不只是'对症疗法'，更应该在平常对待孩子的过程中，要多认可、表扬、爱护，将'本质疗法'作为重点。"

"但是，那孩子身上没有什么地方能让人表扬的啊？"

"正是您这样看待孩子的态度使得您的孩子变成了今天的样子。"

我说完后便建议他们："若是没有可以表扬的地方，那么只要播下表扬的种子就好了"。

所谓表扬的种子在前文已经说过了，就是让孩子稍微帮点小忙。若是孩子帮忙了，父母应该紧紧地抱紧孩子，对他们说"谢谢你帮忙，爸爸最喜欢小 XX 了"，这样就可以了。

另外，我还告诉他们，如此一来，孩子就会下意识地渴望拥抱，想要被父母认可、表扬、爱着的心就会一下被

填得满满的，孩子会随之发生彻底的改变。

我是这么建议他们的，"这位爸爸，您周日会整修房屋吗？那么，在周日整修房屋时，只要稍微让孩子帮一下忙就可以了。这位妈妈，请让您的孩子帮您整理家里的房间吧。完事之后，请对他说'谢谢你帮忙。爸爸和妈妈都非常喜欢你哦'，并用力地抱紧他。于是，孩子的心一下就被填得满满的，偷盗癖会立刻改正过来。"

那两位父母按照我的建议，向孩子传达出了爱，结果孩子的偷盗癖真的很快纠正过来了。

孩子的偷盗癖因为这种处理方法而得到改正的例子还有很多。

不仅限于偷盗癖。在孩子发生问题行为时，若是知道这是因为缺少父母的爱，从而学会去表扬、认可孩子，并紧紧地拥抱说"很喜欢你"这样的话，孩子的问题行为会得到迅速纠正。

然而，还有一些母亲即便是表扬了孩子但也无法收到很好的效果，因为她们不知道表扬的方法。

父母在表扬的时候，必须要带着发自内心的喜悦。否则，就会让孩子产生"只是口头表扬"或者"看低了自己"的想法。若是变成居高临下的表扬，表扬是无法顺利传达出去的。

比起单纯的表扬来说，以带着内心喜悦来对待表扬的话，会取得更好的效果。那样，孩子会感觉到父母很为自己感到开心，并因此产生愉悦之情。如果只是口头表扬，是无法触动孩子的心灵的。

但是，父母若是从心底对孩子的存在感到高兴，为孩子做的事情感到高兴，并且因为孩子温柔的心灵、为他人着想等而从内心感到喜悦，并将这种喜悦传达给孩子，那么，孩子的满足感会变得很强。

让孩子的满足感变强的表扬方法很重要。那么，是否只对孩子的知识和才能进行表扬呢？实际上，表扬孩子的性格和人格才是更好的做法。比如，"你对人很亲切啊，妈妈对此感到很高兴"，"对年纪比你小的孩子表现出了温柔之心让人很高兴"。若是以这样的方式去表扬，孩子就会形成良好的性格。

"面带笑容地说话" "不恶言伤人" 能带来戏剧性的变化

喋喋不休地对孩子说一些抱怨、指责的话，会加深父母和孩子之间的鸿沟。若是停止这种做法，改以笑脸和表扬来对待孩子，彼此之间的关系会变得更加和谐。

然而，有的母亲会说："我怎么努力都无法改变。尽管我也明白，但是不知不觉地就会训斥孩子。真恨自己的性格，永远都是怒气冲冲地在进攻。"经常有父母来找我商谈，要如何改正才好呢？

若是你认为自己的性格无法改变的话，那就大错特错了。实际上，改变性格不是一件很难的事情。

让我们养成新的习惯吧！只要养成两个新的表达自我的习惯就能让性格发生改变。

1. 不恶语伤人，说出口的话都是良言。

2. 面带笑容地说话。

纽约股票经纪人斯坦哈特先生曾经总是一副悲苦的表

情，从早上起来到出门上班之前的这段时间里，他从不和妻子笑脸相对过，连20个字都没有交谈过。他曾是这样一个很难相处的人。

当他听说改变自己很简单，只要试试以上两点就可以时，他决定用1周来试试看。

第二天早上，当他来到餐桌旁时，他一边对妻子说"早"，一边试着和蔼地微笑。他妻子的反应超出预想，好像非常吃惊。他对妻子说"我打算今后每天都这么做"，并持续了2个月。

在斯坦哈特先生改变态度的2个月里，他体会到了从未有过的巨大幸福感。此外，他在地铁窗口找回零钱时，在交易所里时，也向那些之前从未笑脸相迎的人们展现了笑容。不久，大家也都回以笑容。即便面对那些陷入愁苦和不满情绪的人们，他也能以开朗、乐观的态度来对待。其结果是，他的销售额增加了，收入也大幅增加了。

就像这样，结婚18年未曾改变过的性格因为上述两点而发生了彻底的改变。

生活方式有两种模式：积极向上的模式和消极低沉的模式。斯坦哈特先生最初所拥有的是消极低沉的模式。一旦将

其变成积极向上的模式，产生了让周围人都感到吃惊的变化。

就像这样，如果将面带微笑说出开朗的话作为新的习惯，你就选择了有益的生活模式，自己的周围也将渐渐发生改变。不仅对自己微笑地说着良言，也对身边的人微笑地说着良言。

若是孩子对父亲满面笑容地说着良言，也请父亲回以好听的话，如此，孩子便会乖顺地听话。

有一位母亲认为自己的孩子不可爱，认为培养孩子是痛苦的事情，每天和孩子接触都觉得非常痛苦。因此，她来找我商量应该如何做才好。

我建议说："只要试一下这两点就可以了。就算是骗人的也无所谓，每天满面笑容地抱着孩子对他说'妈妈最喜欢小 XX 了'，每天做 20 次，坚持 1 周再看看效果。"

第 2 周这位母亲来到七田真教室时，已经发生了彻底的改变，她变得开朗起来，笑容也多了。她对我说："孩子变得非常可爱。之前他因为一直都知道我的心情不好，所以躲着我，现在他已经完全敞开了心扉，和我很亲近了。于是，我觉得自己的孩子非常可爱。同时，也明白了之前孩子不可爱是我的心情使他变成那样的。一旦我做出了改变，孩子也会发生改变。"

后记　我们为什么要向中国家长介绍"七田真"

每一位父母都会在孩子身上寄予希望：希望他健康、希望他自信、希望他有一颗坚强且温柔的心、希望他有一个美好的将来……这些美好的希望，是父母之爱的自然反映。但希望是希望，终归需要科学的教育方法来引导、促成这些希望的实现。

在日本著名的企业家、教育家大前研一先生的指引下，我对教育产生了越来越浓厚的兴趣，最早我关注的是成人教育领域，但是很快我就发现，能对人产生最大影响的时期其实是婴幼儿时期，这个关键的时期，父母起着决定性的作用。

在进一步的研究中，我发现，在日本，早教市场占据首位的是"七田真"。

七田真先生的核心教育理念

1. 右脑教育

七田真先生极其注重右脑教育，并被越来越多的人所认可。

为什么右脑教育如此重要？简而言之，因为现代社会自动化程度日益提高，很多左脑擅长的事情，电脑逐渐都能取代。而右脑的能力，共情力、创造力、整合力……却是目前的机器无法取代的。"全球最具影响力的 50 位商业思想家"之一丹尼尔·平克也曾预言，未来社会比较看重这六种思维能力——设计感、娱乐感、意义感、故事力、交响力、共情力。纵观这六种能力，都是右脑的长项。

☆可以说，右脑思维者更适应未来。

再来回顾一下七田真先生关于右脑的核心教育理念，他指出：

①传统教育侧重左脑教育，但未来更适合擅长右脑思维的人。孩子在 6 岁之前是右脑优势，我们需要在孩子 6 岁前给予更多的引导，实现左右脑均衡发展。

②早期教育越早越好，从胎儿期即开始，胎儿是人一生中心灵感应最强的时期。

③早教并非灌输知识，而是培养孩子的心性。

④情商教育更容易帮助一个人成才，右脑的开发，能极大提升孩子的情商。

⑤教育的终极目标是培养独立思考和判断的能力。

2. 爱、严格、信赖

七田真先生希望父母们"爱、严格、信赖"自己的孩子。

父母的爱与信赖是潜能被激发的基础，感受到父母的爱与信赖的孩子更快乐，潜能才会自然流出；而没有"严格"的爱只能是溺爱。

越来越多的中国家长选择七田真早教

一个早教品牌取得广泛的认同绝不是偶然的，七田真先生的教室在全球活跃了 50 多年，在 13 个国家和地区建立了 557 个教学中心，一代又一代的家长和孩子在"七田真教室"受益、成长，心灵得到了滋养，才能得到了觉醒。

而在中国，七田真国际教育也已经在北京、上海、广州、深圳、昆明拥有了 12 家直营中心，听听大家的感受，或许你就能明白为什么越来越多的中国家长会选择"七田真"：

"七田真的老师会理解孩子的全部，连我都觉得心里变得温柔舒服起来。"

"掌握了想象力、集中力、直感力后，在他喜欢的体育方面也非常有用。"

"坦率地说，家长每周也在成长。"

"孩子学会了持之以恒，并能够自主学习。"

······

我们为什么选择这6本书

选择总是艰难的。

七田真先生著作颇丰，在日本出版的有 200 余种，中国曾引进出版过的也已超过 20 种。在我们将所有的版权都逐一收回整合后，仔细甄别、精选了最能代表七田真先生思想和方法，并适用于中国家长和孩子的内容，最终确定了这套新的早教经典——"七田真早教经典系列"。

1.《七田真胎教法》：胎儿是人一生中心灵感应能力最强的时期。

2.《七田真：0~6 岁右脑教育法》：右脑思维者掌控未来。

3.《七田真：爱与规则》：在爱的基础上，建立规则，孩子才能成才。

4.《七田真：培养优秀宝宝父母必上的 7 堂课》：父母这样做，孩子就有学习力、创造力、判断力、同情心，能够努力向上、能忍耐、能自我成长。

5.《七田真：情商教育法》：抓住情商培养的关键期，提升孩子对情绪的感知能力和掌控能力。

6.《培养右脑思维的 33 个亲子游戏》：在游戏中激发右脑的潜能。

日本近代文明启蒙人物冈仓天心曾提到，茶道是一种对"不完美"的崇拜，是在我们都明白不可能完美的生命中，为了成就某种可能的完美，所进行的温柔试探。

其实，教育也是如此。孩子的成长没有回头路可走，因此我们更愿意尽最大努力，把当今最好的教育理念推介给大家，帮助更多的家长，实现他们寄托在孩子身上的美好希望。

当然，因为受限于作者成书时脑科学的研究进展，难免有少量内容不符合最新发现，但七田真基于脑科学和心理学发展而提出的全脑开发和心灵教育理念仍会让当代父母受益匪浅。

希望我们的爱能持续照耀孩子们前行的路。

七田真国际教育 CEO

（马思延）

七田真早教经典系列

七田真胎教法
978-7-122-25905-9
定价：36.00 元

七田真：
0~6 岁右脑教育法
978-7-122-25763-5
定价：36.00 元

培养右脑思维的
33 个亲子游戏
978-7-122-25762-8
定价：36.00 元

七田真：
培养优秀宝宝父母
必上的 7 堂课
978-7-122-25811-3
定价：36.00 元

七田真：
情商教育法
978-7-122-25802-1
定价：36.00 元

七田真：
爱与规则
978-7-122-25803-8
定价：36.00 元

七田真国际教育公众号